Taschenbuch 2022

Dr. Ulrike Hannig

Meine Mutter, das Kriegskind

Transgenerationale Weitergabe von kriegstraumatischen Erfahrungen

Dr. Ulrike Hannig

Meine Mutter, das Kriegskind

Transgenerationale Weitergabe von kriegstraumatischen Erfahrungen

Roman

Impressum

Bibliografische Information der Deutschen Nationalbibliothek:
Die Deutsche Nationalbibliothek verzeichnet diese Publikation in der Deutschen
Nationalbibliografie; detaillierte bibliografische Daten sind im Internet über
http://dnb.dnb.de abrufbar.

Herstellung und Verlag: BoD – Books on Demand, Norderstedt

ISBN: 978-3-7562-2064-9

Die Autorin

Dr. phil. Ulrike Hannig, geboren am 26.02.1943, war in Hamburg 35 Jahre lang als tiefenpsychologisch fundierte Psychotherapeutin in eigener Praxis tätig – mit Einzelsitzungen sowie Gruppenarbeit mit Tanz- und Theaterelementen.

Schwerpunkte ihrer Arbeit:
Depressionen
Ängste
Essstörungen
Persönlichkeitsstörungen
Hochsensibilität
Kriegskinder

Sie selbst ist ein Kriegskind. Sie ist Mutter von vier Kindern und Oma von elf Enkelkinder.

Weitere Veröffentlichung:
„Übertragungsliebe und Abstinenz", Asanger-Verlag, 2020

EINFÜHRUNG

In meinem ersten Buch „Übertragungsliebe und Abstinenz"
berichtete die Psychotherapeutin Monika F. von ihrer
Liebesbeziehung zu einem narzisstisch gestörten Patienten und der
Verletzung des Abstinenz-Gesetzes.

Ihr Versagen arbeitet sie in einer tiefenpsychologisch fundierten
Psychotherapie auf. Nach einer Kurzzeittherapie verbringt sie sechs
Monate im Ausland. Nach ihrer Rückkehr nimmt sie die Therapie
wieder auf und beschäftigt sich als Kriegsenkelin intensiv mit der
transgenerationalen Weitergabe von kriegstraumatischen
Erfahrungen ihrer Eltern, den Kriegskindern.

Zentrum dieses Buches ist der persönliche und emotionale Brief
ihrer Mutter an sie, in dem diese ihre Lebensgeschichte seit
frühester Kindheit erzählt. Monika fragt sich beim Lesen, welche
Erfahrungen von Gewalt, Trauma, Verlusten, Hunger,
Bindungslosigkeit, Armut und Alleingelassen an sie weitergegeben
wurden.

Die psychotherapeutische Arbeit verlief über zwölf Monate. Wobei
in diesem Buch nur ausdrucksstarke und bedeutsame Sitzungen
beschrieben werden.

In ihrer weiterführenden Psychotherapie, zum Schluss ergänzt durch eine Gruppenarbeit mit theater-therapeutischen Elementen, beschäftigt sie sich mit der Rekonstruktion der elterlichen und der eigenen Lebensgeschichte, der sekundären Traumatisierung durch direkte Einflussnahme und auch indirekt durch Übermittlung von bestimmten affektiv verankerten Wertvorstellungen und der Aufdeckung früher Ich-Mangelzustände. Und sie erkennt, dass u. a. das bisherige Schweigen in der Familie, bei Eltern und Großeltern, zu weiteren Reinszenierungen des Traumas führte. Die klinischen Phänomene, die ich beschreibe (Symptome, Gefühle, Gedanken, Verhalten) sind authentisch.

Die Daten, die beschriebenen Personen habe ich jedoch verschleiert, (zusammengesetzt aus verschiedenen Berichten, von Patienten, Kollegen und Bekannten), um ihre Anonymität zu bewahren.

Dr. Ulrike Hannig

Danke an meine Tochter Nele, die mich geduldig und kreativ unterstützt hat bei der Entwicklung und Umsetzung des Buches.

Gedanken Dr. Enders

„Wenige Minuten habe ich noch Zeit, bis mein nächster Patient kommt. Höre mir noch kurz die neuesten Nachrichten im Radio an. Nebenbei sortiere ich die Akten. Plötzlich höre ich einen Namen, der mir irgendwie bekannt vorkommt. Ich nehme vor Schreck nur Sprachfetzen wahr: …Leiche im Stadtpark gefunden, … wahrscheinlich erstochen. Mehrdad K. …"

Mein Puls jagt. Ist das nicht der Stalker meiner Patientin Monika F. …? Wie schrecklich ist das! Wer tut denn sowas? Ist sie auch tot? Oder hat sie ihn etwa getötet? Im Internet versuche ich mehr zu erfahren über den Toten. Ja, es ist Mehrdad. Er ist erstochen worden. Liegt schon tagelang am Stadtparksee, verborgen zwischen Büschen. Es wird vermutet, dass er nicht vorher gefunden wurde, weil es in den letzten Tagen starken Regenfall und Sturm gab und kaum ein Mensch sich nach draußen gewagt hatte. So blieb die Leiche bisher unentdeckt, bis ein Hund ihn aufgestöbert hat. Die Polizei ermittelt und bittet die Bevölkerung um Mithilfe.
Muss ich als Psychotherapeutin der Polizei mein Wissen über ihn und meine Patientin mitteilen? Ich bin unsicher, bin eigentlich zur Schweigepflicht verdonnert."

Ich zögere. Bis zu meinem verabredeten Termin im November mit Monika werde ich warten.

KAPITEL 2
NOVEMBER 2018, PRAXIS DR. ENDERS

Dr. Enders:

„Monika F. ist zurück aus Barcelona. Ich bin gespannt, was
sie erzählt und ob sie Vieles aus unserer therapeutischen
Arbeit vor einem halben Jahr umsetzen konnte."

Es klingelt. Dr. Enders öffnet die Tür. Vor ihr steht Monika
F., kaum zu erkennen. Leuchtende Augen, aufrechte
Haltung, braungebrannt.

Monika:

„Ich bin so froh, dass ich wieder zu Ihnen kommen darf.
Mir hatte die Kurzzeittherapie bei Ihnen so gutgetan. Ich
habe mich in der Zwischenzeit mit dem Thema
Kriegsenkel beschäftigt und möchte tiefer in diese Materie
eintauchen. Vor allem habe ich aber intensiv weiter an den
Themen gearbeitet, die wir vor 6 Monaten besprochen
hatten. Mir ist so Vieles über meine Kindheit, meine
Entwicklung und meine Stärken, aber vor allem über
meine großen Lücken klargeworden. Ich ahne jetzt, warum
ich die „Abstinenz" verletzt habe. Ich schäme mich immer
noch dafür. Aber das wird mir nie wieder passieren.
Deshalb werde ich mit Freude ab Januar meine
Psychotherapeutische Praxis wieder eröffnen.

In meiner psychoanalytischen Eigentherapie während des Studiums war ich wohl noch nicht bereit, meine eigenen kindlichen traumatischen Erfahrungen tiefer anzusehen. Wahrscheinlich musste ich erst den Schmerz und das Leid mit Max und dann mit Mehrdad erfahren, um den Mut zu haben dazu.

Dabei war es ein großes Geschenk, dass ich Ihnen begegnen konnte. Sie haben mit einem so großen Einfühlungsvermögen, aber auch mit Konfrontation an richtiger Stelle mit mir gearbeitet. Danke, danke!"

Dr. Enders:

„Ich freue mich auch, Sie zu sehen. Was wünschen Sie sich heute von mir?"

Monika:

„Ich würde die Therapie bei Ihnen gerne weiterführen. Einmal zur Stabilisierung, aber vor allem auch für das Thema Kriegsenkel."

Dr. Enders:

„Wir hatten eine Kurzzeittherapie mit 25 Sitzungen durchgeführt und können jetzt eine Langzeittherapie beantragen Dazu werde ich ein Gutachten schreiben müssen. Dazu müsste ich wissen, was Ihnen in dem letzten halben Jahr geschehen ist."

Monika:

> „Ich habe regelmäßig all die Übungen, die ich bei Ihnen
> gelernt habe, durchgeführt. Am allerwichtigsten aber war
> für mich die tägliche Begegnung mit meinem „Inneren
> Kind". Ich habe das Buch von Frau Stahl intensiv
> durchgearbeitet und bin jetzt in einem liebevollen Kontakt
> zu mir selbst. Mehr beschäftigt mich aber heute das Thema
> meiner Mutter „Kriegskind" und die Folgen daraus für
> mich. Konnten Sie inzwischen den Brief meiner Mutter
> lesen?"

Dr. Enders:

> „Ja, ich habe die Aufzeichnungen ihrer Mutter gelesen.
> War erschüttert und sehr berührt davon. Deshalb gebe ich
> Ihnen jetzt den Brief zurück, und wenn sie ihn
> durchgelesen haben, können wir gerne darüber sprechen
> und überlegen, was Sie vielleicht bewusst oder unbewusst
> an Einstellungen und Verhaltensmuster übernommen
> haben."

Monika nimmt den Brief an sich

Dr. Enders:

> „Wie sieht Ihr Leben heute aus seit der Rückkehr aus
> Barcelona? Wie und wo leben Sie heute? Getrennt vom
> Ehemann und den Söhnen? Ist Ihre Beziehung zu Tisco
> harmonisch und liebevoll?"

Monika:

"Von Max bin ich endgültig getrennt. Die Scheidung ist eingereicht. Für unsere Söhne haben wir das gemeinsame Sorgerecht. Wenn ich in die eigene Wohnung eingezogen sein werde, werden sie bei mir leben, aber auch regelmäßig ihren Vater sehen.

Die Beziehung zu Tisco hat leider nicht funktioniert. Wir sind kein Paar mehr. Leider war ich schon wieder auf einen narzisstischen Mann mit ausgeprägter Selbstbezogenheit und Bedürftigkeit hereingefallen. Aber dadurch habe ich viel über mich selbst und meine kindlichen Prägungen gelernt."

Dr. Enders:

"Das tut mir sehr leid für Sie.

Sie, Monika, sind als Kriegsenkel zwar nicht wie ihre Eltern in Armut, Not, Unruhe, Verlusten und Angst großgeworden, aber sie haben mit Eltern gelebt, die vom Krieg erschüttert und traumatisiert worden sind. Ihre Eltern waren mit den eigenen seelischen und körperlichen Verletzungen beschäftigt, und konnten oft keinen Schutz für ihre Kinder übernehmen. Kriegsenkel haben meist ihre eigenen Wünsche und Bedürfnisse weggesteckt und wollten den Eltern nicht zur Last fallen. Sie können gut für andere, aber nicht für sich selbst sorgen. Erkennen Sie sich da wieder, Monika?

Angst, ohne zu wissen, warum, deutet auf eine Übernahme elterlicher oder großelterlicher Ängste hin.

Kriegsenkel spüren den Schrecken der Eltern und teilen ihn, ohne dass sie wissen, was den Schrecken ausgelöst hat.

Auch das extreme Leistungsstreben der Eltern wiegt oft schwer."

Monika:

„Das alles wird für mich sicherlich ein schwieriges und schmerzhaftes Thema, wovor ich großen Respekt und Angst habe.

Erst einmal werde ich den Brief meiner Mutter lesen. Ich bin sehr gespannt und freue mich, wenn wir uns im Januar wieder treffen und alles besprechen können."

KAPITEL 3
DEZEMBER 2018, PRAXIS DR. ENDERS

Dr. Enders verfolgt die Nachrichten in den Zeitungen im Fernsehen, im Internet zum Leichenfund im Stadtpark. Fotos von M. werden veröffentlicht. Aufrufe mit den Fragen: „Wer kennt diesen Mann? Wer hat ihn zuletzt gesehen. Wo und mit wem?"

Beunruhigt fragt sie sich, ob sie die Polizei doch informieren soll und muss über ihr Wissen. Darf sie die Schweigepflicht brechen? Darf sie Monika verraten?

Sie fragt sich, ob sie tatsächlich Monika für die Täterin halten konnte. Sie ist sich unsicher. Hier ist ein Mord aufzuklären. Und viele Aspekte sprechen dafür, dass Monika sich schuldig gemacht haben könnte. Sie wurde bedroht von Mehrdad, er hat sie vergewaltigt, sie hatte Angst vor ihm, wurde von ihm verfolgt. Vielleicht hat sie nur in Notwehr und in ihrer Hilflosigkeit und Verzweiflung gehandelt. Oder hat um ihr eigenes Leben gekämpft.

Aber, wenn sie selbst nicht zur Polizei geht, bleibt der Verdacht in ihr bestehen, und sie kann bei dieser Unklarheit mit Monika nicht mehr therapeutisch arbeiten. Dafür würde das Vertrauen fehlen.

Sie entscheidet sich, bis zur verabredeten nächsten Therapiesitzung abzuwarten, welche Informationen weiterhin in den Medien erscheinen Dann will sie persönlich und intensiver mit Monika darüber reden und sie befragen.

Monika F. zu Hause

Während Frau Dr. Enders hin und her überlegt, sitzt Monika verzweifelt in ihrer Wohnung. Sie verfolgt die zahlreichen Informationen in den Medien über den Mord an Mehrdad.

Sie liest, dass sich schon viele Menschen bei der Polizei dazu gemeldet haben. Vor allem Spaziergänger aus dem Stadtpark.

Und dann bekommt sie einen Schreck: Einige erklären, dass sie das Opfer mit einer kleinen Frau zusammen gesehen hätten in der Nähe des Schwimmbads. Beide hätten miteinander gestritten, geschrien, aneinander gezerrt. Das wirkte aber nicht bedrohlich. Sie sahen einfach aus wie ein vertrautes und zankendes Ehepaar. Deshalb seien sie auch nicht eingeschritten. Bei der Polizei wurde ein Phantombild gezeichnet und veröffentlicht.

Monika bei der Polizei

Monika erkennt sich selbst.

Ein Spaziergänger meinte, einen dunkelhaarigen stämmigen Mann in der Nähe von M. gesehen zu haben. Beide Männer unterhielten sich laut.

Und eine Frau hatte einen großen schlanken blonden Mann gesehen, der das Opfer aus der Ferne beobachtet und verfolgt hatte. Zwei Jugendliche berichteten von einer Frau mit einem Hund, die das streitende Paar aus der Ferne beobachtet hatte.

Monika ist fassungslos über all die verschiedenen Zeugen und entschließt sich, sich bei der Polizei zu melden. Sie fährt sofort mit dem Bus zur Polizei-Filiale Oberaltenaltenallee.

Bei der Polizei zeigt sie ihren Ausweis und stellt sich als ehemalige Psychotherapeutin von Mehrdad vor.

Sie bestätigt, dass sie sich mit dem Opfer im Stadtpark-Café getroffen hatte. Ja, sie hätten sich gestritten. Er konnte nicht akzeptieren, dass sie keinen Kontakt mehr haben wollte. Ja, er hätte an ihr herumgezerrt, hätte sie festgehalten. Und sie hätte sich gewehrt, losgerissen und sei dann gegangen. Zu dem Zeitpunkt lebte er noch.

„Und, was haben Sie dann gemacht?", fragte der Polizeibeamte. Sie antwortete: „Ich bin nach Hause gegangen. Meine Wohnung ist ja nur zehn Minuten entfernt vom Stadtpark. Ich war sehr durcheinander, verschreckt und verzweifelt. Dann habe ich keine Erinnerung mehr. Ich weiß nur, dass ich irgendwann aufgewacht bin und auf meinem Sofa lag. Wahrscheinlich hatte ich durch diese heftige Aufregung einen Filmriss." „Sind Sie einverstanden mit einer Speichelprobe und einem Fingerabdruck?", fragte Herr Menge, der Polizeibeamte. „Ja, natürlich. Ich habe den Mord nicht begangen", bestätigte Monika.

Herr Menge: „Sie waren seine Psychotherapeutin. Ist es da üblich, sich im Stadtpark zu treffen?"

Monika: „Nein! Er hatte mich verfolgt und belästigt, und ich
             wollte ihm persönlich und deutlich sagen, dass er
             mich in Ruhe lassen soll. Sonst würde ich ihn
             anzeigen. Deshalb hatte ich ihn getroffen."

Herr Menge: „Durch Ihre therapeutischen Gespräche kannten Sie
             das Opfer sicher ganz gut. Haben Sie eine Idee, mit
             wem er Streit gehabt haben könnte und wer ihn hatte
             töten wollen?"

Monika zögert, denkt, dass Max oder Tisco, die ja wussten, wie sehr
Mehrdad sie gequält hatte, auch die Mörder hätten sein können.
Die Beschreibung der beiden Männer durch Spaziergänger stimmte
schon überein mit dem Aussehen der beiden. Sie sagte aber: „Ich
weiß nur, seine Ex-Frau und seine Ex-Geliebte hatten eine große
Wut auf ihn."

Herr Menge: „Sie können erst einmal nach Hause gehen. Bleiben Sie
             für uns erreichbar. Sie hören von uns. Verlassen Sie
             die nächste Zeit Hamburg nicht!"

Monika ist verwirrt über ihren Gedächtnisverlust. „Ist durch den
bedrohlichen Streit mit Mehrdad irgendetwas Traumatisches bei
mir an getriggert worden, was meine Eltern erlebt hatten im
Krieg?", fragt sie sich jetzt. „Habe ich in der Not mit einem Messer
zugestoßen? Aber ich hatte doch gar kein Messer dabei. Das Ganze
muss ich in meiner Therapie besprechen!"

„In mir hatte sich seit meiner Kindheit eine solche Verachtung, ein großer Hass wegen Kränkungen, Bedrohungen und Misshandlungen von Männern – aus Erzählungen und eigenen Erfahrungen – entwickelt. Vielleicht ist das alles explodiert im Stadtpark? Aber ich weiß wirklich nicht, was passiert ist, als ich Mehrdad traf. Ja er mich beschimpft, bedroht, geschlagen. Das erinnere ich noch. Ich hatte Angst, dass er mich, mein Leben zerschlagen wollte. Habe ich zugestochen? Aber mit welchem Messer? Hatte er mich vorher mit seinem Messer angegriffen, und ich habe es ihm entrissen? Ich weiß wirklich nicht, was passiert ist."

Nach einigen Tagen wird Monika von der Polizei angerufen und informiert, dass ihr Speichel und ihre Fingerabdrücke auf der Leiche und seiner Bekleidung gefunden wurden. Dennoch würde das nicht eindeutig heißen, dass sie die Täterin ist, zumal sich noch viele - bisher noch nicht identifizierte Abdrücke - gefunden haben.

Es wird weitere Untersuchungen geben, auch im näheren Umfeld von Mehrdad.

KAPITEL 4:
HELENES BRIEF

Monika liest den Brief ihrer Mutter.

Meine liebe Tochter Monika!
Du hast mich gestern nach meinen Kindheitserlebnissen gefragt
Das war erst einmal für mich ein Schock, weil ich nicht mehr daran
erinnert werden will, welch schreckliche Dinge ich als Kind erlebt
hatte.

Bisher habe ich Dir wenig erzählt über mein Erleben als Kriegskind.
Du und Deine Geschwister haben allerdings auch kaum
nachgefragt! Deine Bitte, jetzt um ein Gespräch über diese Zeit, hat
mich erstaunt, aber auch erschreckt. Spontan kamen mir viele
schreckliche Bilder hoch, und ich spürte, dass ich nicht von
Angesicht zu Angesicht mit Dir darüber sprechen kann. Mich
würden mein Schmerz und meine Trauer überfallen, obwohl ich in
zwei Therapien vor vielen Jahren versucht hatte, das alles zu
verarbeiten. Vor mehr als 40 Jahren konnte ich mit meinem
Therapeuten vieles ansprechen, aber heute spüre ich, dass die
Folgen der Traumata noch in mir sind. Vor allem aber auch
deshalb, weil meine Hochsensibilität sich in meinem Alter jetzt
nicht beruhigt, sondern immer deutlicher zu spüren ist.
Von Angesicht zu Angesicht mag ich nicht mit Dir darüber
sprechen, aber ich denke, dass Du, ein Recht hast, mehr über mich
zu erfahren, zumal das alles auch Auswirkungen hatte auf Deine
Seele. Deshalb schreibe ich Dir heute. Das fällt mir leichter.

Trotzdem weiß ich noch nicht, ob ich Dir das alles zumuten kann. Ich werde mir erst einmal alles von der Seele schreiben und später überprüfen, ob Du es verkraften, bzw. etwas damit anfangen kannst.

Alle Erlebnisse vor dem 4. Lebensjahr sind zwar nicht bewusst erlebt, aber in meinem Inneren gespeichert und haben ihre Spuren hinterlassen. Doch bin ich auch auf die Erzählungen aus dieser frühkindlichen Zeit von Mutter, Tante, Kusine und Brüdern angewiesen.

Ich bin drei Jahre vor Kriegsende in Mecklenburg-Vorpommern geboren und lebte dort sechs Jahre in einer Kleinstadt mit meiner Mutter, meinen Brüdern und meinem Opa. Mein Vater war im Krieg und zog danach nach Hamburg.

Ich war ein Acht-Monats-Kind. Meine Mutter arbeitete körperlich schwer, konnte keine Rücksicht nehmen auf die Schwangerschaft. Auch waren ihr der Bauch und das Kind darin lästig. Schwere Schränke rückend kam es dann zu Blutungen, und ich kam sehr verfrüht zur Welt.

Mir wurde erzählt, dass ich im ersten Lebensjahr im dunklen Schlafzimmer lag, alle vier Stunden eine Flasche bekam. Gestillt wurde ich nicht. Geherzt, geschmust, gesprochen und gespielt wurde nicht mit mir. Das war damals bei vielen Familien so üblich. Wenn ich aber mir das heute vorstelle, wie einsam, wie allein ich war, ohne jegliche Berührung, tut es mir schrecklich weh.

Mit einem Jahr habe ich schließlich die Flasche verweigert, drohte zu verhungern und kam ins Krankenhaus.

Johanna Haarer[1] forderte in ihrem Buch „Die deutsche Mutter und ihr erstes Kind" (1936) „... Keine emotionale Bindung zwischen Mutter und Kind entstehen lassen, damit diese nicht' durch das Kind manipulierbar wird. Den Blickkontakt sollte man zu ihm meiden..." Ziel für zwei bis dreijährige Kinder: Erziehung zum Gehorsam, die Zulässigkeit und Notwendigkeit von Schlägen« Auszug aus einem Artikel von Anna Kemper[2]in der ZEIT, Sept. 2019.

Haarer in „Die Mutterschaft und Aufzucht ihrer Kinder, dafür ist die Frau da.": „Zärtlichkeit kann verderblich sein und muss auf Dauer verweichlichen. Eine gewisse Sparsamkeit in diesen Dingen ist dem deutschen Menschen und dem deutschen Kinde sicherlich angemessener."

„Versagt auch der Schnuller, dann liebe Mutter, werde hart! Fange nur nicht an, das Kind aus dem Bett herauszunehmen, es zu tragen, zu wiegen, zu fahren, oder es auf dem Schoß zu halten, es gar zu stillen. Das Kind begreift unglaublich rasch, dass es nur zu schreien braucht, um eine mitleidige Seele herbeizurufen. Nach kurzer Zeit fordert es diese Beschäftigungen mit ihm ab als ein Recht: gibt keine Ruhe mehr, bis es wieder getragen, gewiegt oder gefahren wird. Und der kleine, aber unerbittliche Haustyrann ist fertig!"

---

[1] *Johanna Haarer*

[2] *Anna Kemper, ZEIT*

Haarers NS-Ratschläge förderten einen Menschentypus, dessen Beziehungsfähigkeit wenig ausgeprägt war. Es wurde eine Bindungslosigkeit und Verhinderung von Liebesfähigkeit erzogen.

Später, ich war drei Jahre alt, kamen russische Soldaten in unsere Stadt. Sie stürmten die Häuser, zerstörten oder stahlen wertvolle Dinge und missbrauchten Mädchen und Frauen. Meine Mutter und ihre Schwester wurden auch vergewaltigt. Meine Tante war hochschwanger. Meine Brüder und ich wurden gezwungen, diese Gewalttaten mit anzusehen. Ich erinnere nichts Genaues, habe nur Ahnungen und undeutliche, schattenhafte, für mich nicht verstehbare, aber bedrohliche Bilder vor mir. Spüre noch heute den Schmerz, eine Scham, Panik und Verzweiflung im Gesicht meiner Mutter.

Später versteckte unser Opa uns zu unserem Schutz in einer Abstellkammer hinter dem Schlafzimmer. Die Russen schrien und tobten im Haus herum. Wir hörten Schüsse. Wir durften keinen Mucks machen. Nicht reden, nicht weinen, kaum atmen. Ich sehe immer noch meine Mutter vor mir, zitternd, mit angstgeweiteten Augen, leichenblass und zuckenden Schultern. Heute noch trage ich dieses Gefangensein, diese Hilflosigkeit, Bedrohung, das Ausgeliefertsein, die Sorge um meine Mutter, als Trauma in mir. Obwohl ich weiß, woher das kommt, kann ich auch heute noch schlecht in abgeschlossenen, kleinen und dunklen Räumen mich aufhalten.

Das konnte nicht „wegtherapiert" werden! Aber ich habe gelernt, es anzunehmen und damit umzugehen.

Bei Anne-Ev. Ustorf[3]:

„Wir Kinder der Kriegskinder", 2016 habe ich gelesen, dass die Jahrgänge 1942 bis 1945, die kaum oder gar keine Erinnerungen an ihre ersten Lebensjahre im Krieg oder kurz danach haben, besonders unter den Spätfolgen ihrer früheren Erfahrungen leiden. Oft ohne es zu wissen. Auch pränatale Prägungen haben Spuren hinterlassen.

Kann die Mutter als Bezugsperson die eigenen Gefühle nicht regulieren, gelingt das auch dem Baby nicht. Es fehlt Halt und Schutz. Aber unsere psychische Widerstandskraft hängt auch von unserer genetischen Disposition ab, d. h. von unserem geerbten Temperament und unserer mitgegebenen Resilienz.

Eine wirkliche Kindheit gab es in meinen ersten Lebensjahren nicht. Es gab kein Spielzeug, keine Bücher, keine Rückzugsmöglichkeiten, kein Geld für kindliche Wünsche (Sport, Instrument spielen, tanzen, singen, malen, Unternehmungen und reisen).

Wir Kinder verhielten uns vernünftig, ernst, bescheiden, verantwortungsvoll, haben nie aufbegehrt oder hatten eine eigene Meinung. Wir wurden viel zu früh erwachsen. So lernte ich, meine schwachen Gefühle zu unterdrücken, um meine Mutter nicht zu belasten.

---

[3] Anne-Ev. Ustorf

Den tiefen Schmerz meiner Mutter habe ich immer gefühlt und habe Verantwortung dafür übernommen. Ich wollte sie glücklich machen. So entwickelte ich mich zum „Sonnenschein" in der Familie. Auch als Erwachsene funktionierte ich so und kümmerte mich eher um die Bedürfnisse meiner Umwelt als um meine.

Meine Mutter hat nie selbst über ihre traumatischen Erfahrungen gesprochen. Ihre Kontrolle brach im Alter von 90 Jahren zusammen. Bei der Körperpflege im Pflegeheim bekam sie Panik und dann auch Wutausbrüche. Sie wollte sich nicht berühren lassen. Vor allem nicht von einem männlichen Pfleger.

Meine Mutter hatte auch vorher jegliche Berührungen mit uns Kindern und unserem Vater abgewehrt. Aber sie war sonst immer fürsorglich und beschützend. Mit mir allerdings oft sehr klammernd und traurig.

aus: Barbara Ehrenreich4: „Studien an Waisenkindern des Zweiten Weltkrieges zeigten, dass diese, selbst wenn sie warmgehalten und angemessen ernährt wurden, nicht gediehen und schließlich starben, wenn sie keine Umarmungen und körperliche Berührungen erfuhren."

Als Kind litt ich sehr unter den fehlenden Berührungen durch unsere Mutter. Erst als erwachsene Frau habe ich durch meine Therapien und durch Literatur begriffen, dass Kriegsmütter nach Vergewaltigungen aus Scham nicht zärtlich sein konnten mit ihren

---

[4] Barbara Ehrenreich

Kindern. Sie fühlten sich schuldig und haben sich vor sich selbst geekelt. Lebenslange Einschränkungen des Liebeslebens, Beziehungsschwierigkeiten mit dem Partner und Kindern und eine starke Einschränkung in der Freude am Leben waren eine Folge der Vergewaltigungen. Für meine Geschwister und mich fiel der haltende Rahmen mütterlicher Liebkosung weg. Wir litten sehr unter dem furchtbaren Verlust der körperlichen Nähe zur Mutter. Auch wurde mir erzählt, dass in dieser Zeit viele Frauen mit ihren Kindern vor den Russen in das nächste Dorf flüchteten. Einmal: Ich selbst saß in einer Karre. Eine Thermoskanne mit heißem Kaffee wurde mir auf die Beine gelegt. Die Flasche war nicht fest verschlossen und die heiße Flüssigkeit ergoss sich über meine Beine. Ich soll schrecklich geschrien haben vor Schmerz, wurde aber böse ausgeschimpft. Ich solle ruhig sein! Keiner begriff, was geschehen war. Erst Stunden später.

In meinen ersten Lebensjahren war mein Opa mein Halt. Auf dem Hof hatte er eine Lederwerkstatt. Oft durfte ich bei ihm sitzen. Gesprochen haben wir selten. Ich schaute ihm zu, wie er Ledertaschengürtel und Pferdesattel herstellte. Es roch dabei so schön nach Leder. Meine Mutter hatte zur Straßenseite hin ein kleines Geschäft für Lederwaren. Beim Opa habe ich mich geborgen gefühlt, obwohl er eigentlich wenig Interesse an mir hatte.
Mein Trost und Freund war unser Hahn auf dem Hof. Er saß meist auf dem Holzzaun und schaute sich alles von oben an. Wie ein Herrscher! Er war unser „Hofhund"; wenn ein Fremder den Hof betrat, flatterte und krähte er wild und bedrohlich herum. Im Haus hatten wir keine Toilette. Ein Plumpsklo auf dem Hof mussten wir

benutzen. Ich fand das ekelig. Ein Holzbrett mit einem Loch darin verdeckte teilweise die Exkremente, auf denen sich Ungeziefer und Würmer vergnügten. Es stank schrecklich, und ich hatte immer Angst, dass ich durch dieses Loch tief in den bedrohlichen Dreck fallen könnte.

Wenn es dunkel war, fürchtete ich mich, quer über den dunklen unbeleuchteten Hof zum Klosett zu gehen. Aber der Hahn saß auf dem Zaun, hielt seinen Kopf schief und beäugte mich. Dann habe ich mich gleich geborgen und beschützt gefühlt. Manchmal sprang er auf meine linke Schulter und schaute mich nur ruhig und aufmerksam an. Das war so schön. Ich war nicht mehr allein.

Aber leider geschah dann etwas Schreckliches. Ich stand auf dem Hof, ein Huhn kam auf mich zugelaufen, und ich bückte mich und streichelte es. Plötzlich flog der Hahn auf mich zu, setzte sich auf meine Schulter, stieß aufgeregte Laute aus, um dann mit seinem spitzen Schnabel in mein Gesicht zu hacken. Ich schrie laut, war fassungslos. Der Schmerz war kaum auszuhalten und das Blut floss in Strömen. Mein Opa lief besorgt aus seiner Werkstatt, sah mein blutverschmiertes Gesicht. Ich stammelte: „der Hahn". Dieses blöde Vieh. „Er hat Dein Auge verletzt", schrie mein Opa und rannte hinter dem gefluchteten Hahn hinterher. Er ergriff ihn. Legte ihn auf einen Holzklotz, griff zu einem großen Messer und schlug ihm damit den Kopf ab. Der Hahn riss sich los, lief ohne Kopf weiter und fiel dann tot hin.

Es war so schrecklich. Dieses Bild werde ich nie wieder vergessen. Ich war schuld, dass er jetzt tot war. Hätte ich nur nicht so laut geschrien. Mein einziger und mein bester Freund lebte jetzt nicht mehr.

Ich war wieder allein.

Mein Opa schaute sich mein Gesicht an und war erleichtert, dass mein Auge nicht verletzt war. Aber ich hatte eine tiefe Wunde unterhalb des linken Auges. Die Narbe ist noch heute zu sehen. Das nächste, viel schlimmeres Unglück passierte etwas später. Unser Vater war Soldat. In meinen ersten sechs Lebensjahren, erlebte ich ihn nicht. Er war in Dänemark stationiert und kam 1947 nach Entlassung nach Hamburg. Er verdiente sein Geld als Lagerverwalter und arbeitete sich hoch bis zum Prokuristen. Unsere Mutter hatte über viele Monate sich bemüht und gekämpft um eine Ausreisegenehmigung aus der DDR nach Hamburg. Es gab viele Ablehnungen. Doch 1949 war die Bewilligung da. Mit unserem Opa hat sie dann gesprochen und ihn gebeten, mit uns zu kommen. Aber er wollte nicht.

Als ich am nächsten Morgen aufstand und in die Wohnstube gehen wollte, stieß ich auf einen Widerstand. Ich sah hoch. Dort hing mein Opa. Er hatte sich erhängt. Es sah so furchtbar aus. Seine Zunge hing heraus. Er hatte ein verfärbtes Gesicht. Die Augen standen hervor. Ich schrie und schrie und fiel dann zu Boden. Ohnmächtig. Meine Mutter kam angelaufen, hob mich auf und schickte mich fort. Nie mehr wurde darüber gesprochen!

Später hörte ich, dass Opa schon lange Depressionen hatte, und dass er es nicht verkraften konnte, dass wir weggehen wollten. In mir hatte das Geschehen lange die Folge, dass ich Angst hatte, dass ein Mensch sich umbringt, wenn ich weggehe oder das nicht tue, was der andere sich wünscht. Viele viele Jahre hat mich diese Angst begleitet und verhindert, meine eigenen Bedürfnisse wahrzunehmen, zu formulieren und umzusetzen. Besonders schlimm war das im Umgang mit meiner Mutter und Eurem Vater. Heute reagiere ich eher ungehalten, wenn mir jemand mit Selbstmord droht. Früher war ich damit erpressbar.

Es gab aber auch eine lustige Geschichte aus der Kriegszeit, die mir erzählt wurde: Mein Bruder war etwa sechs Jahre alt, ich vier Jahre jünger: Er nahm mich eines Tages an die Hand und marschierte mit mir zu den Nachbarn gegenüber. Diese hatten viele Tiere. Er fragte: „Kann ich von Ihnen ein Kaninchen haben. Ich tausche es um gegen meine Schwester. Die nervt mich." Die Nachbarn wollten auf diesen Tausch nicht eingehen.

Liebe Monika, mein Urvertrauen habe ich eingebüßt durch die dramatischen Kriegserlebnisse. Die sensible Bindungsphase im zweiten Lebensjahr ohne gestillt-werden, ohne Nähe, Zärtlichkeit und ohne getröstet werden in einer bedrohlichen Umgebung hatte schlimme Auswirkungen auf mein Urvertrauen und mein Bindungsmuster. Bei mir entwickelte sich eine frühzeitige „Pseudo-Unabhängigkeit."

Ich musste lernen, allein sein zu können, selbständig. Und ich entwickelte schon als Kleinkind Verantwortung für die Gefühle und das Wohl oder Unwohlbefinden meiner Mutter. Abhängigkeitswünsche waren sinnlos. AIs Kriegskind konnte ich nicht auf meine eigenen Bedürfnisse achten. Sie nicht einmal mehr wahrnehmen.

Du als Kriegsenkel hast das sicher bei mir wahrgenommen und Dich irgendwann auch genauso verhalten. Auch bei Dir, liebe Monika, dreht sich alles nur um andere. Du strengst Dich für andere an, hörst allen zu und bleibst dabei genauso unversorgt wie ich lange Zeit.

Die Bahnfahrt von der DDR in die BRD erinnere ich nur, indem mir immer übel war und ich mich viel übergeben musste. Am Zielort Hamburg angekommen, fiel mir der große Bahnhof mit den vielen Zügen und unzähligen Lichtern auf. Unser Vater wollte uns abholen, war aber nicht da. Mutter wurde unruhig. Sie kannte diese große Stadt ja überhaupt nicht. Sie wusste aber, dass der Vater in Alsterdorf in einer Nissenhütte lebte. Sie erkundigte sich wie sie dorthin kommen kann. Da sie kein Geld hatte, bat sie eine andere Reisende darum, um Fahrkarten kaufen zu können. Ich bewundere sie für diese Tatkraft.

In Alsterdorf standen wir dann vor zahlreichen Blechhütten. Die Hausnummer wusste unsere Mutter nicht. Aber sie hatte Vater Gardinen geschickt und schaute jetzt in jedes Fenster. Schließlich erkannte sie die richtige Nissenhütte. Sie klopfte zaghaft und unser

Vater öffnete. Er entschuldigte sich, dass er sich im Termin geirrt hatte. Meine Eltern umarmten sich. Der Vater nahm auch meine Brüder in seine Arme. Aber mir war er fremd und ich sagte Onkel zu ihm.

Eine halbe Nissenhütte mit einem einzigen Raum war jetzt unser Zuhause. Alles war fremd und aufregend für mich. Unter einem Bett stand ein Kasten mit Obst, was ich vorher noch nie gesehen hatte: Bananen, Apfelsinen, Mandarinen.

Im ersten Jahr in Hamburg hatten wir Kinder immer Hunger. Mein Vater hatte als Lagerverwalter gearbeitet. Manchmal brachte er abends nicht verzehrte Pausenbrote seiner Kollegen mit nach Hause: Feinbrotscheiben mit Butter und Käse. Was wir überhaupt nicht kannten. Welches Glücksgefühl, welche Freude und dieser einmalige und herrliche Geschmack. Das werde ich nie vergessen.

Ich erinnere mich, dass ich immer Hunger hatte. Damals waren Mädchen wertloser und unwichtiger als Jungen. Und deshalb durften sich meist erst meine Brüder sattessen. Und erst dann durfte ich mir noch etwas nehmen. Bratkartoffeln liebte ich schon damals sehr.

Unbedarft bin ich jeden Abend zur Nachbarhütte gegangen und habe mich dort ohne zu fragen und wie selbstverständlich mit an den Tisch gesetzt Es gab immer Milchsuppe, und auch mir schenkte die Nachbarin freundlich – und ohne zu zögern - Suppe auf einen Teller.

Nach vielen Monaten durften wir dann in eine 2,5 -Zimmer-
Wohnung ziehen mit eigener Toilette, Bad und Küchenniesche.
Meine Brüder bekamen das kleine Zimmer und ich musste auf einer
kleinen Liege bei den Eltern im Schlafzimmer schlafen. Bis zum 17.
Lebensjahr. Da meine Mutter nicht nur uns Kinder körperlich auf
Distanz hielt, sondern auch unseren Vater, suchte er bei mir
körperliche Nähe. Das war für mich unangenehm und bedrängend.
Wir hatten kein Spielzeug in der DDR. Deshalb erlebte ich das erste
Weihnachtsfest in Hamburg als ganz besonders schön. Wir
wohnten noch in der Nissenhütte. Heiligabend sollten meine
Brüder und ich noch eine Stunde spazieren gehen vor der
Bescherung. Als wir zur Hütte zurückkamen, sahen wir durchs
Fenster und erblickten den beleuchteten Weihnachtsbaum, wir
traten ein. Als erstes sah ich einen Puppenwagen und darin eine
(meine erste) Puppe. Ich war so glücklich!

Gleich zu Anfang in Hamburg hatte ich ein sehr berührendes
Erlebnis: In der Schule wurde auf dem Schulhof Fangen gespielt.
Ich war sechs Jahre alt. Ein Junge war der Fänger. Er jagte hinter
den anderen Kindern, die schnell wegliefen, hinterher. Peter war
aus meiner Klasse. Er jagte dann mich, fing mich ein, hielt mich fest
und umarmte mich. Ein tiefes Gefühl des Geborgenseins, des
Gehaltenwerdens durchströmte mich. Wie nie zuvor wurde ich so
in den Armen gehalten. Dieses Gefühl werde ich nie vergessen. Ich
denke, für Peter war es nur ein Fangen-Spiel.

Da ich seit frühester Kindheit, erst in Mecklenburg, dann in Hamburg, viel allein war und mich nur mit mir selbst beschäftigt habe, wurde ich früh selbständig und mutig. Mit 13 Jahren bin ich schon das erste Mal allein über die Grenze nach Waren gefahren, um dort meine Tante und Kusine zu besuchen.

Die Zeit dort habe ich sehr genossen. Es gab viele Kinder in der Straße. Wir haben viel gespielt. Vor allem Völkerball. Es haben sich Freundschaften entwickelt.

In der Zeit habe ich Tagebuch geführt und bin heute, wenn ich daraus lese, erstaunt über meine Gedanken. Deshalb zitiere ich einmal wörtlich einige Texte daraus:

„Um 2 Uhr sind Caro und ich mit dem Fahrrad zum See gefahren. Hinne, Reini und Werni waren schon da. Wir haben da rumgetobt wie lange nicht, übrigens gebadet haben wir auch viel. Hinne und ich sind sogar über den Kanal geschwommen. Die Rückfahrt war wirklich erwähnenswert: Wir drehten abwechselnd alle Stürze. Caro und Reini stießen zusammen und flogen beide in hohem Bogen in die Brennnessel! Das war ein Bild. Hinne stolperte mit seinem Rad in ein Loch. Fiel aber nur halb hin. Zuletzt kam ich dran. In einem Weg stand mitten auf dem Weg ein schweres Motorrad, hinter einer Kurve. Ich sah das Ding nicht und fuhr mit aller Wucht darauf. Caro fast hinterher. Jetzt hatte ich aber einen Schiss. War das ausgeliehene Fahrrad kaputt? Oder war mit dem Motorrad etwas geschehen? Zum Glück war alles heil geblieben. Ich hatte auch noch Glück gehabt, dass der Motorradfahrer freundlich war. Denn er lächelte mich an. Jetzt bin ich nur noch zwei Tage hier in Waren und dann geht es wieder nach Hamburg. Mir wurden die Tage hier so schön gemacht, so dass ich an Hamburg gar nicht denken mag. An die Schule erst recht nicht. Ich fühle mich hier richtig heimisch. Als ich mich von Hinne verabschieden musste, da war mir etwas mulmig. Ich habe ihn richtig liebgewonnen in der letzten Zeit. Er war so kameradschaftlich und lustig, wenn wir mit ihm zusammen waren. Jetzt werde ich ihn nie wieder in meinem Leben wiedersehen. Das ist hart.

Nachdem ich aus Waren zurückgekehrt bin, bin ich nachdenklicher geworden. Mich beschäftigt eine schwere Frage, an der wohl auch schon viele vor mir herumgegrübelt haben: Warum lebt der Mensch? Ich finde, das Leben ist traurig, wenn man es sich ohne alle Ablenkungen ansieht. Kind, Jugend, Erwachsene, alt. So ist doch der Lebenslauf. Natürlich hat jeder Mensch etwas zu erfüllen. Doch ist das alles?

Zur Schule gehen, später arbeiten ist natürlich dazu da, um sich zu ernähren und zu leben. Aber ist es in Wirklichkeit nur eine Ablenkung, eine Beschäftigung, um die Zeit totzuschlagen. Ich will nicht sagen, dass es mir schlecht geht, aber manche Menschen leben und wissen nicht warum. Sie werden abgelenkt durch schöne oder vielleicht auch schlechte Sachen und kommen gar nicht zum Nachdenken. Vieleicht ändert sich meine Meinung noch über die Welt, doch im Augenblick weiß ich noch nicht die wirkliche

Bedeutung des Lebens. Es kann ja sein, dass ich die erst im Laufe der Zeit erkenne. Und ich hoffe es."

Auszug aus meinem Tagebuch:
„Papa will nicht, dass ich mit meinen erst 13 Jahren schon einen festen Freund habe. Ich darf mich mit Kalle nur alle drei Wochen treffen. Den Rest müssen wir also heimlich machen. Kalle ruft jeden Tag an und andauernd will er mit mir ausgehen. Heute am Bahnhof hat er mir ein kleines süßes Bambi als Steiftier geschenkt.
Ich habe das kleine Tier richtig gern. Kalle bemüht sich auch so um mich. Er ist heute nur zu mir gefahren, um mir das kleine Reh zu geben. Er ist so nett, und ich muss ihm meistens Absagen geben. Aber ich bin mir über meine Gefühle nicht im Klaren. Das mit Kalle wird auch immer durch die dreckige Jauche gezogen. Papa sagt immer: Wenn das so weiter geht, dann bin ich bald Großvater. Ich sehe aber in Kalle keinen Liebhaber, denn dazu sind wir beide noch viel zu jung."

Das waren Auszüge aus meinem Tagebuch. Was mir aber vor allem Kraft und Mut gegeben hatte auf meinem Lebensweg war die mentale Unterstützung und Bestätigung durch meine Mutter. Sie war zwar oft traurig und unglücklich und auch wie ein bedürftiges Kind für mich. Dann hat sie mir in vielen Situationen oft den Rücken gestärkt. „Du schaffst das. Du bist stark und klug!"

Mein Vater wollte z. B. nicht, dass ich als junges Mädchen zum Tanzen gehe. Meine Mutter hat mich ermutigt. Sie gab mir Geld für ein Taxi. Hörte sie nachts das Auto vor unserer Wohnung ankommen, vernahm dann meine Schritte auf der Treppe und den Schlüssel im Schloss, dann tobte sie im Bett hin und her und hustete laut, so dass mein Vater mich nicht hörte.

Unser Vater hat viel gearbeitet und finanziell für uns gesorgt. Er war wenig zu Hause. Unsere Mutter hat sich um uns Kinder und den Haushalt gekümmert. Wenn das Haushaltsgeld, das zu Anfang sehr knapp war, nicht reichte und sie um Geld bat, hat unser Vater sie angeschnauzt: „Wo hast Du denn schon wieder das ganze Geld verprasst." Unwillig gab er ihr dann etwas, sie aber zog sich zurück und weinte. Diese Beobachtungen haben mich schon früh sehr geprägt, und ich habe mir vorgenommen, als Erwachsene mein eigenes Geld zu verdienen und nie abhängig zu werden von einem Mann.

Mir wurde immer gesagt: „Du warst immer ein so ein fröhliches Kind". Auf Fotos strahlte ich auch immer. Aber es gab selten einen Grund dafür. Ich habe eher erfahren als Kind, dass die Welt kein sicherer Ort ist, wo man sich wohlfühlt und geborgen ist. Heute frage ich mich, was ich mit meinen Ängsten Sehnsüchten und meiner Wut gemacht habe. Ich habe nicht gelernt, Gefühle, Wünsche, Ängste wahrzunehmen und darüber zu sprechen. In der Familie gab es größere Probleme und es gab mangelnde Kommunikation, Zuneigung und Zärtlichkeit.

Später habe ich gelesen, dass in den letzten Kriegsjahren geborene Kinder wie ich keine entsprechenden Bedingungen vorfanden für ihre Entwicklung. Den Eltern war es kaum möglich, ihre Kinder vor den vielen äußeren Faktoren zu schützen.

Vaters Einstellungen zu Mädchen und Frauen hat mir schon als kleines Mädchen nicht gefallen. Sein Reden war immer: „Du bist nur ein Mädchen. Du brauchst kein Abitur. Du bist hübsch und findest einen Mann, der Dich heiratet und ernährt. Lass Dir von Deiner Mutter Kochen und Putzen zeigen und wie man einen Mann verwöhnt."

Mit sieben Jahren habe ich mir schon gesagt: Ich werde meinem Vater zeigen, dass ich auch als Mädchen mindestens genauso klug bin wie meine Brüder. Ich wollte schon als Kind Schauspielerin werden. Mein Vater reagierte darauf: „Du bist eh nicht begabt. Außerdem ist das eine sinnlose und brotlose Kunst. Du machst eine kaufmännische Ausbildung."

Meine Tanzfreude wurde auch von ihm negativ beurteilt als „unanständig". Dennoch ist die Freude am Tanzen bis heute geblieben, auch ohne Tanzstudium.

Ich habe dann eine Ausbildung zur Fremdsprachen-Korrespondentin gemacht. Zum Abschluss verdiente ich mein eigenes Geld und konnte meinem Vater sagen: „Auch wenn ich nur ein Mädchen bin, so werde ich ab jetzt neben meiner Berufstätigkeit abends das Abendgymnasium besuchen, mein Abitur machen, um dann Theaterwissenschaft zu studieren. Der Beruf einer Schauspielerin würde mich dann sehr interessieren."

Ich war als Kind unsicher und schüchtern. Durch den Wechsel aus der DDR wurde ich zu früh in Hamburg eingeschult. Ich war ca. 1,5 Jahre jünger als meine Mitschüler und hinkte in meiner geistigen und emotionalen Entwicklung lange hinterher. Ich habe mich so anders gefühlt. Die anderen hatten schon mehr als ein Jahr Rechenunterricht. Ich noch gar nicht. Bei Rechenaufgaben saß ich hilflos davor. Ich wusste nicht, wie das geht. Weder der Lehrer noch meine Eltern erklärten es mir. Ich dachte mir dann Additions- und Subtraktionsergebnisse aus. Der Lehrer fragte nie nach, warum ich immer so falsche Zahlen dastehen hatte. Er schrieb immer nur „falsch" darunter.

Später, mit etwa neun Jahren hatte ich großes Glück: Unsere Schulleiterin Frau L. vertrat für ein halbes Jahr unseren schwer erkrankten Klassenlehrer; zum ersten Mal wurde ich wahrgenommen. Sie lobte meine Aufsätze, meine Sprache, meine Zeichnungen und meine Sportlichkeit. Auf einem Elternabend durfte ich trotz meiner Schüchternheit einen kurzen Vortrag halten. Sie förderte mich, indem sie mir Mut machte und begeistert von mir war. Das gab mir einen Energieschub. Nachmittags holte ich mir aus der Bücherhalle Lesestoff zu dem im Unterricht Besprochenem. Ich blühte auf, meine Unsicherheit verschwand. Ich wurde selbstsicherer, lebendiger, wurde mündlich mutiger. Meine Aufsätze wurden vorgelesen und Frau L. sagte zu mir: „Du wirst einmal eine Schriftstellerin!" Auch empfahl sie mir, in eine Theater-Laienspielgruppe zu gehen.

Ich bin ihr so dankbar für diese Zuwendung. Leider habe ich ihr das nie gesagt. Als ich das alles erkannte, lebte sie nicht mehr. Als der Klassenlehrer zurückkam, war ich wie verwandelt.

Meine beiden Brüder waren in meiner Kindheit sehr verschieden mit mir. Durch sie habe ich gelernt, keine Scheu vor Jungs zu haben. Ein Bruder war unternehmungsfreudig, viel unterwegs. Seine Schwester, also ich, war ihm eher peinlich. Der ältere Bruder war fürsorglich, väterlich. Später in Hamburg hat er mir Literatur, das Theater und das Malen nähergebracht. Er ist viel mit mir ins Kino gegangen, noch mehr ins Theater. Vor allem das Schauspielhaus wurde zu meinem zweiten Zuhause. Meist hatten wir Stehplätze im letzten Rang oben.

Für all das alles bin ich ihm sehr dankbar, weil ich fast alle diese Leidenschaften noch heute in mir habe und lebe.

Bei uns zu Hause gab es wenige Bücher, schon keine für uns Kinder. Deshalb ging ich meist zweimal in der Woche in den nahen Stadtpark ins Planetarium, wo sich eine Leih-Bücherei befand. Glücklich ging ich mit drei bis vier Büchern nach Hause, die ich dort verschlang. Heute kaufe ich gerne Bücher. Im Moment fühle ich mich sehr angesprochen von Camus und Simone Beauvoirs Büchern, in denen Vieles von mir selbst Erlebtes, Gedachtes und Gefühltes widergespiegelt wird.

Meine wichtigste Freundin war jahrelang Elke. Wir gingen in eine Klasse, wohnten in einem Haus in Alsterdorf. Täglich haben wir uns gesehen. Draußen Völkerball und Geschichtenball gespielt, mit

Rollschuhen Wettläufe veranstaltet, zu Hause mit Puppen gespielt und Bravo gelesen bei ihr in der Wohnung. Diese Zeitung wurde mir verboten von meinem Vater. Jeden Tag tauschten wir auf dem Schulweg unsere Gefühle und Gedanken aus.

In der Schulklasse hatten wir noch drei gemeinsame Freundinnen. Mit denen standen wir in den Pausen auf dem Schulhof und nach der Schule trafen wir uns oft im Stadtpark auf dem Spielplatz. Dann kam es aber zu einer Auseinandersetzung zwischen den drei Mädchen und Elke und mir. Die wollten nicht mehr mit Elke spielen, weil sie meinten, dass sie stinkt und noch in die Hosen macht. Im Musikunterricht erlebte ich sie auch einmal, indem es bei einer Chorprobe auf der Bühne plötzlich plätscherte und an ihren Beinen lief Urin herunter auf den Boden. Elke schämte sich sehr und lief weinend aus dem Raum. Einige Kinder flüsterten, andere lachten laut. Ich lief hinter ihr her und versuchte, sie zu trösten. Als wir später nach Hause gingen, erzählte sie mir, dass sie immer in die Hose macht, wenn sie Angst hat. Zu Hause bekommt sie Schläge dafür von ihrem Vater. „Ich schäme mich so sehr! Und jetzt wollen die anderen nicht mehr mit mir spielen. Du auch nicht?" fragte sie mich. Ich entgegnete ihr: „Du bist meine beste Freundin und bleibst es auch. Die anderen sind mir egal!" und umarmte sie. Nach einigen Wochen suchten die anderen wieder Kontakt zu uns. Entschuldigten sich. Elke ging mit ihrer Mutter zu einem Arzt, später zu einer Psychotherapeutin.

Obwohl meine Kindheit teilweise traumatisch war, fühlte ich mich nie als Opfer, sondern war eher dankbar, dass ich „aus dem Leid der Kindheit eine Perle machen konnte" (Anselm Grün).

Sicherlich bin ich auch schon mit einer guten Resilienz zur Welt gekommen und konnte schon früh Verantwortung für mich selbst übernehmen.

Oft wurde ich gefragt, warum ich so gut allein sein kann, mich dabei wohl fühle, allein verreisen mag und gerne allein lebe. Neulich habe ich dazu zwei interessante Sätze gelesen: „Einsamkeit ist die Folge der Langeweile. Einsamkeit ist außerdem eine Folge der Erwartungshaltung." Ich weiß nicht genau, wer das gesagt hatte, vermute aber darin eine buddhistische Weisheit.

Einsamkeitsgefühle und Langeweile hatte ich so gut wie nie empfunden. Interessant ist vielleicht auch die Erfahrung, die ich als Erwachsener in einer Gruppenarbeit machen konnte: Der Gruppenleiter bat uns Teilnehmer, die Augen zu schließen. Sich selbst als Kind vorstellen, das noch nicht auf der Welt ist. Ich sah mich dann als kleines Mädchen auf einer Wolke sitzen. Es schaute hinunter auf die Erde und sah Mutter, Brüder und Opa in der Wohnstube sitzen. Alle saßen traurig, mutlos mit hängenden Schultern da. Als kleines Mädchen sagte ich mir dann: Ich muss da hinunter zur Familie, um alle zu trösten und Fröhlichkeit und Lebendigkeit zu bringen. Kurz kamen Zweifel und der Wunsch auf, lieber zu meiner eigenen Familie, zu meinen eigenen Kindern, zu gehen. „Du wirst aber bei der Mutter mehr gebraucht", sagte ich mir aber.

Euer Vater hat ähnliches Kindheitstrauma hinter sich, deshalb haben wir rückblickend als Paar in unserem Zusammenleben aus Unwissenheit, Unsicherheit und Bindungsunfähigkeit heraus viele Fehler gemacht. In den dreißig Jahren Zusammensein haben wir uns gegenseitig gestützt und ermutigt auf dem Weg in der Schule, im Studium, beim Praxisaufbau bzw. in der Schauspielerei. Wir haben wundervolle Kinder bekommen und großgezogen. Haben es aber in all den Jahren miteinander nicht geschafft, uns auch nur als Paar zu begegnen. Dafür und für unsere kreativen Interessen gab es keinen Raum und keine Zeit.

Leider haben wir uns dann getrennt.

Für die Zeit miteinander bin ich sehr dankbar. Nach Verarbeitung der schmerzhaften Trennung habe ich mich selbst entdecken und weiterentwickeln können.

Heute fühle ich mich freier und lebendiger. Ich bin dankbar für meine Kinder und Enkelkinder, meinen Beruf und meine Freunde. Das Leben ist freudvoll, weil ich nach meinen eigenen Bedürfnissen leben kann. Ich bemühe mich, weniger auf die Bedürfnisse der anderen zu achten, mein Alter sehe ich als Bereicherung.
Nach der Trennung von Eurem Vater konnte ich trotz schöner Begegnungen mit anderen Männern, kein Vertrauen mehr fassen, und habe jede längere Nähe und Bindung abgelehnt.
Auf die kriegstraumatischen Erlebnisse trafen jetzt noch die Verletzungen aus der Ehe.

Bei all seinen Hilfestellungen und seinem Stützen in schwierigen Situationen blieb er hauptsächlich selbstbezogen, hatte die Neigung, andere Menschen abzuwerten, Rivalität zu Frauen und den Zwang, die Kontrolle über sich und andere Menschen zu haben. Freunde hatte er nicht. Er bemühte sich, immer besser sein zu müssen als andere. Er musste Recht haben.

Deshalb kam es kaum zu einem Dialog mit ihm. Eigentlich gab es nie eine konstruktive Kommunikation. Auch in unseren Ursprungsfamilien gab es keine Möglichkeit zu Gesprächen. Alles wurde heruntergeschluckt, es wurde geschwiegen. Diese Fehler haben wir beide in unserer Beziehung wiederholt. Die Trennung nach dreißig Jahren war für mich lebensrettend. Jetzt lernte ich, Distanz zu einigen Menschen zu halten, mich abzugrenzen und enge Liebesbeziehungen zu vermeiden, um mich nicht wieder zu verlieren. Heute weiß ich was ich selbst will, was mir guttut. Wünsche, Fantasien meines „Inneren Kindes" kann ich inzwischen wahrnehmen, wiederbeleben und für mein Älterwerden nutzen. Dafür habe ich meine Enkelkinder mit ihrer Lebendigkeit, Spielfreude und Zuneigung als wunderbare Modelle.
Aber ich erlebe heute mit 77 Jahren auch den körperlichen Alterungsprozess. Eine irgendwann drohende Abhängigkeit und Hilflosigkeit beängstigten mich sehr. Dieses Gefühl des irgendwann aufgetretenen Ausgeliefertseins triggert frühkindliche traumatische Erfahrungen aus der Kriegs- und Nachkriegszeit an.

Schon im Grundschulalter hatte ich für mich folgende Glaubenssätze entwickelt:

„Ich lass mich von einem Mann nicht mehr beherrschen und bestimmen."

„Ich entscheide allein, ich bitte niemanden um Hilfe."

„Ich werde mein eigenes Geld verdienen, niemals abhängig von einem Mann sein."

„Ich bin wichtig, wenn ich anderen helfe."

Wir Kinder der Kriegsgeneration lernten das Wegdrücken und Herunterschlucken der Trauer vor ihren Eltern und gaben das an Euch, die Kriegsenkel, weiter. Schon früh konnten wir uns meist in andere Menschen einfühlen. Das ist eine kostbare Fähigkeit, wenn man darüber nicht die eigenen Bedürfnisse aufgibt oder nötige Konflikte scheut.

Am liebsten mache ich schon immer alles mit mir allein aus. Als Kind schon war ich es gewohnt, allein zu kämpfen. Was allerdings auch mit Überforderung und Anstrengung verbunden war. Mir tat es auch weh, nicht in den Arm genommen und getröstet zu werden. Im Gründen einer eigenen Familie mit unseren erwünschten Kindern sah ich unbewusst eine Chance, die Liebe zu erfahren, die mir früh versagt geblieben war. Die Liebe zu Euch Kindern und Euren Kindern ist stark, tröstlich und kraftspendend.

Muss ich jemanden um Hilfe bitten, fällt es mir schwer und ich schäme mich fast dafür. Ich kann es nicht aushalten, schwach und hilflos zu sein. Lange war mir das Wohlbefinden anderer wichtiger als mein eigenes. Das ist heute nicht mehr so ausgeprägt.

Meine liebe Tochter, bei dieser Beschreibung findest Du Dich sicher wieder. Auch Du magst nicht abhängig sein von der Hilfe anderer. Anders als ich, kannst Du auch wirklich fast alles allein. Du möchtest immer für Andere hilfreich sein. Selbst wenn Du völlig erschöpft bist. Aber jetzt bist Du an einem Punkt angekommen, an dem Du zu Dir selbst finden solltest. Ich habe sehr lange dafür gebraucht. Fange Du rechtzeitig damit an! Es tut mir leid, dass Du mein Verhalten, meinen Umgang mit Menschen übernommen hast. Zum Glück nur teilweise.

Liebe Monika, es tut mir noch heute unendlich weh, wenn ich daran denke, wie unglücklich Deine ersten zehn Lebenstage verlaufen sind. Du bist etwa vier Wochen zu früh auf die Welt gekommen. Die Fruchtblase war zu Hause geplatzt. Ich bin mit dem Taxi in die Klinik gefahren. Da ich noch keine Wehen hatte, wurde ich nach einer kurzen Untersuchung in einem kleinen Raum untergebracht. Plötzlich hatte ich heftige Schmerzen bekommen. Habe geklingelt. Genervt reagierte die Hebamme: „Stellen Sie sich nicht so an!" Nach der Untersuchung rief sie dann erschreckt aus: „Das Kind kommt. Der Kopf ist schon spürbar" und fuhr mich hektisch in den Kreissaal. Innerhalb von wenigen Minuten warst Du dann da. Welch ein Glücksgefühl, Dich dann in meinen Armen zu halten. Du hast 2700 Gramm gewogen und warst schon so süß und zauberhaft. Ich konnte mich gar nicht genug sattsehen an Dir.

Aber am nächsten Tag bekamst Du eine Neugeborenen-Gelbsucht und wurdest in die Kinderklinik gebracht. Das war damals so üblich. Heute trennt man ein Baby bei solchen Symptomen nicht mehr von der Mutter. Du aber musstest zehn Tage allein im Brutkasten liegen. Wir durften Dich nur aus der Ferne betrachten, Dich nicht berühren, nicht mit Dir sprechen. Schrecklich. Den Anblick, meine Gefühle von Sehnsucht, Verzweiflung, Unsicherheit, Sorge und auch schlechtem Gewissen werde ich nie mehr vergessen. Glücklich und dankbar war ich dann, als wir Dich nach Hause holen durften. Wir haben ein kleines Begrüßungsfest für die Familie, Freunde und Nachbarn veranstaltet und anschließend habe ich Dich Tag und Nacht nicht mehr aus meinen Armen gelassen. Zum Glück hatte ich auch viel Zeit für Dich. In kurzer Zeit entwickeltest Du Dich zu einem fröhlichen und runden Baby.

Ich selbst habe keine sexuellen Gewalterfahrungen erlebt. Aber ich musste die schrecklichen Erfahrungen meiner Mutter anschauen als Dreijährige. Meine Mutter wurde zum Kriegsende traumatisiert und in ihrem Selbstwertgefühl als Frau gebrochen. Diese durchlebte Last der Schamgefühle belastete die ganze Familienatmosphäre: Uns Kinder, unseren Vater und Opa. Unsere Mutter verstummte, erstarrte, erzählte nichts über die schrecklichen Erlebnisse und berührte uns nie mehr. Das führte bei mir zu Verunsicherungen, vor allem in meiner Identität als Frau, über Sexualität wurde in der Familie nie gesprochen. Aber ein Satz dazu von meiner Mutter „Augen zu und durch" lauerte in meinem Inneren.

Aufgeklärt wurde ich nicht. Euer Vater war 30 Jahre mein erster und einziger Sexualpartner. Meine Haltung zur Sexualität konnte ich im Laufe der Zeit positiv verändern. Ich habe mich damit auseinandergesetzt, mich selbst entdeckt, eigene Wünsche entdeckt und umgesetzt.

Ich habe bei mir eine mangelnde Konfliktfähigkeit festgestellt und dann in meiner Therapie daran gearbeitet, eigene Wünsche, Abneigungen, behutsam wahrgenommen und formuliert. Auch meine eigene Bedürftigkeit nahm ich erst spät wahr. Die Arbeit mit dem „Inneren Kind" hat mir dabei sehr geholfen. Bis dahin hatte ich meine eigene Hilfsbedürftigkeit immer abgewehrt aus Angst vor Kontrollverlust. Bei meiner Mutter, Eurer Oma hatte ich wahrgenommen: Durch die wiederkehrende abhängige Situation im Alter, in der sie sich im Altersheim auf neue Weise ausgeliefert fühlte, wurden ihre lang verborgenen Traumata reaktiviert. Alleinsein, Krankheit, Gebrechlichkeit; Pflegebedürftigkeit und innere Leere verstärkten die Ängste. An diesen Themen muss ich heute selbst immer wieder arbeiten.

Meine Mutter trug eine Wunde in sich und konnte mir nicht geben, was sie selbst nicht bekommen hatte: Berührungen, Zärtlichkeit. Sie weinte viel, war depressiv, und ich versuchte, sie glücklich zu machen. Was mir aber nicht gelang.

Wollyn (2017)[5]: „Unbewusst wiederholen wir familiäre Muster der Bedürftigkeit, des Rückzugs, des Verlassens oder Verlassen Werdens. Viele Beziehungsprobleme entstehen nicht erst in der Beziehung? Vielmehr gehen sie auf familiäre Dynamiken zurück, die schon vor unserer Geburt existieren."

So war es auch in der Beziehung zu Eurem Vater. Die Ehen der Kriegskinder gerieten häufig zur Qual für sie und ihre Kinder. Ich weiß heute, dass die emotionalen Zustände meiner Mutter wie Angst, Unruhe, Ausgeliefertsein, ich selbst schnell in mir spürte. Als Kind durfte ich eigene Bedürfnisse nie wahrnehmen. Meine Mutter war immer die Bedürftige, die Leidende.

Als Kind hatte ich schon das Ziel: Ich schaffe das allein. War auch so gut wie nie enttäuscht von anderen Menschen. Weil ich keine Erwartung an sie hatte.

Nachdenklich hat es mich im Nachhinein schon gemacht, dass ich im Laufe meines bisherigen Lebens kaum Enttäuschungsgefühle oder Ärger empfunden hatte. Ich hatte eher, wenn jemand nicht achtungsvoll mit mir umgegangen ist, immer mehr Verständnis für die andere Person und nicht für mich selbst.

In meiner Nahrungsverweigerung mit einem Jahr habe ich versucht, meine Traumatisierung zum Ausdruck zu bringen.

---

[5] Wollny

Reddemann[6] schreibt dazu: Aus meiner Sicht geht es bei einer Essstörung symbolisch darum, etwas herunterzuschlucken, etwas in sich hineinzuwürgen oder sich damit vollzustopfen, was eigentlich herausgekotzt werden möchte. Und es geht um Hunger und die Sehnsucht nach Sättigung. Und die Kinder der betroffenen Frauen haben auch geschluckt, das was sie hörten oder was sie nicht hörten und nur spürten."

Ich, das Kriegskind habe mit einem Jahr das Essen verweigert und kam unterernährt in die Klinik. Ein knappes' Jahr nach Kennenlernen Eures Vaters und dann 30 Jahre später in der Trennungszeit mit ihm brach wieder eine bedrohliche Essstörung aus mit Klinikaufenthalt. Eine Erkrankung, die ich erst jetzt verstehe. Du selbst hast auch an einer Essstörung gelitten. Wir beide konnten nicht unsere eigenen Gefühle und Wünsche wahrnehmen und nicht für uns selbst sorgen. Haben wir unbewusst diese Erkrankung gewählt als Schutzmechanismus? Das tut mir so leid für Dich!

Eine weitere Psychotherapie half mir nach der Trennung, zu mir zu finden, lebendig und lebensfroh zu leben. Ich habe sehr viele Körpererkrankungen, viele Operationen hinter mir. Meine Seele ist meist stabil geblieben. Aber mein Körper hat schon in der Kindheit und immer wieder aufgeschrien. Er war meist wahrhaftiger als meine Sprache.

---

[6] Luise Reddemann

Aus Damie Charf[7]: „Im Körper drücken sich auch Gefühle aus, die wir nicht zeigen mögen, oder die so alt sind, dass sie uns nicht mehr bewusst sind."

Heute höre ich auf meinen Körper. Gönne mir mehr Ruhe, sage oft „Nein" zu Anderen, achte auf meine Wünsche, verwöhne mich selbst mit Essen, Bewegung, liebevollen Kontakten und schönen Aktivitäten. Wir Kriegskinder haben bis ins hohe Alter die Erinnerungen an Todesangst, Hunger, Bedrohungen, Hilflosigkeit, Gefühlen von Angst, Vergewaltigungen der Mütter tief in uns verschlossen. Wir mussten den Eltern Trost spenden und für den eigenen Kummer war kein Platz.

Lohre, 20188[8]: „Wollen die Kinder der Kriegskinder, die Kriegsenkel, ihr psychisches Leid nicht in die nächste Generation tragen, müssen sie sich der Ursache ihrer Angst stellen". Die Kindheitserlebnisse der Kriegsgeneration hatte sich in ihren Nachkommen festgesetzt."

Jetzt, beim Schreiben des Briefes an dich, lösen sich tiefe traurige und verzweifelte Gefühle in mir. Es tut so weh, eine so leidvolle und karge Kindheit erlebt haben zu müssen. Aber, ich empfinde auch eine große Dankbarkeit dafür, dass ich trotz alledem ohne große seelische Beschädigung heute mein Leben in Bescheidenheit, Neugierde, Freude, Kreativität und Liebe leben kann durch die Begegnung mit beschützenden, haltenden und bereichernden

---

[7] Damie Charf

[8] Matthias Lohre

Menschen im Erwachsenleben. Vor allem aber auch durch euch Kinder und eure Kinder.

Heute bin ich nicht auf eine Liebesbeziehung zu einem Mann fixiert. Ich fühle mich frei, lebendig, kreativ und spielerisch. Ich bin wie ich bin innerlich und äußerlich. Ich weiß, dass ich nicht perfekt bin und Fehler mache. Ich bin nicht einsam, weil ich in einem liebevollen Kontakt zu meinem „Inneren Kind" und mir bin. Ich bin erfüllt, gehe gerne in Kontakt mit anderen Menschen, bin aber auch ebenso gerne allein mit mir.

Heute mit 77 Jahren bin ich dankbar für die Verbundenheit mit meinen Kindern, Enkelkindern und Freundinnen und Freunden. Bewusst wird es mir heute in Momenten, wenn ich erlebe, wie meine Kinder liebe- und achtungsvoll mit ihren Kindern umgehen. Das macht mich glücklich, aber mein „Inneres Kind" spürt schmerzhaft die eigene distanzierte Kindheit. Ein wunderbares Lied aus dem Film „Wie im Himmel" hat mich sehr berührt:

„Jetzt gehört mein Leben mir.
Ich will spüren, dass ich lebe.

Jeden Tag, den ich habe.
Ich will leben, wie ich es will.
Ich will spüren, dass ich lebe.

Wissen, ich war gut genug.

Ich will nur glücklich sein,
dass ich bin, wie ich bin.

Stark und frei sein.

Ich will spüren, dass ich mein
Leben gelebt habe."

Den Text hätte ich geschrieben haben können. Er entspricht so sehr meinen Gefühlen und Gedanken heute.

Ich habe Dir jetzt Einiges erzählt über mein Leben als Kriegskind. Wenn Du Fragen an mich hast, vor allem auch hinsichtlich Deiner therapeutischen Arbeit, dann bin ich für Dich da.
Die Literatur sagt, dass wir Kriegskinder unseren Kindern, den Kriegsenkeln unbewusst Vieles weitergegeben haben.
Vielleicht findest Du heraus, dass Vieles gar nicht zu Dir gehört, nicht Deins ist, sondern, dass Dein Vater und ich Dir etwas Fremdes weitergegeben haben.

KAPITEL 5
MONIKAS GEDANKEN UND GEFÜHLE NACH DEM LESEN DES BRIEFES

Monika ist sehr berührt von dem Brief ihrer Mutter. Sie findet sich selbst an vielen Stellen wieder, in den Erlebnissen, den Gefühlen und Verhaltensweisen.

Die Scheidung von Max ist vollzogen. Es war ein friedlicher Prozess ohne Streit. Beide haben sich für ein gemeinsames Sorgerecht entschieden und begegnen sich friedlich. Die Söhne leben bei ihr. Max kann sie regelmäßig sehen.

Monika schaut sich noch einmal ihr bisheriges Leben an. Fragt sich in Bezug auf Partnerschaft und Beziehung nach Ähnlichkeiten mit den Erfahrungen der Mutter. Sie holt ihre selbstgeschriebenen Gedichte während der Trennungszeit und danach noch einmal hervor und liest sie alle noch einmal.

Sie sagt sich: Es tut mir leid, welche tragische und traumatische Dinge unsere Eltern erleben mussten. Vielleicht konnten sie deshalb auch keine entspannte und glückliche Ehe leben. Mutter war und ist eine Kämpferin. Alles meist im Alleingang. Weder in der Kindheit noch als Erwachsene konnte sie sich anlehnen und einmal schwach sein. Sie hatte zwar eine gewährende, aber auch sehr bedürftige und anhängliche Mutter und einen meist abwesenden und bei Anwesenheit tyrannischen und entwertenden Vater. Sie erlebte emotionalen, kreativen und materiellen Mangel.

Später dann fand sie dann größtenteils ihre bedürftige und depressive Mutter in unserem Vater wieder. Ihre Sehnsucht nach Gehalten- und Gesehenwerden wurde nicht erfüllt in ihrer Ehe. Und meine Eltern haben nicht miteinander kommuniziert. Existenzaufbau und überleben war das Hauptlebensziel.

Meine Partnerwahl war ähnlich. Anfangs habe ich in Max einen starken, beschützenden und zugewandten Mann gesehen. Er zeigte dann aber immer mehr seine schwachen und bedürftigen selbstsüchtigen und narzisstischen Persönlichkeitszüge. Genau wie meine Mutter „verhungerte" ich seelisch in der Ehe. In unserer Not entwickelten wir beide Essstörungen.

Wenn ich heute meine verzweifelten Gedichte an Max lese (die ich ihm aber nie zum Lesen gab), und die ich während der Trennungszeit und danach schrieb, spüre ich immer noch meine damals große Hilflosigkeit, Verzweiflung und Kränkung.

Gedicht von Monika

Fragen zum Abschied an Max:

Wovon?
Was fehlt mir,
wenn ich ohne dich bin?
Was gabst du mir?

Oder hoffte ich all die Jahre
nur auf etwas?

Nehme ich heute Abschied
von einer Illusion,

von der Sehnsucht,
nach Wärme, Verstehen,
Geborgenheit
und Liebe,
die es nie gab?

Aber warum tut es so weh,
zerreißt mir mein Inneres,
macht meine Seele wund?

Ich lasse den Schmerz zu,
spüre ihn und weiß:
Ich bin lebendig und liebe Dich,
auch wenn Du mir gesagt hast,
dass Du mich nicht liebst.

Meine Liebe
stellt keine Bedingungen,
ich liebe dich wie Du bist,
nur leben kann ich nicht mehr
mit Dir,
da mich friert in Deiner Nähe.

Du hast mir das Schlimmste gesagt,
was ein Mann seiner Frau je sagen kann,

und Du lässt mich damit allein.

Dieses Gedicht mit diesen Gefühlen ähnelt auch sehr meinen Erinnerungen aus der Kindheit. Ich bin ein Kriegsenkel und habe so viele Verhaltensweisen von Mutter und Vater, den Kriegskindern übernommen. Das erschreckt mich sehr.

Aber ich spüre auch Dankbarkeit und Erleichterung für die Chance, in den Therapiesitzungen an mir zu arbeiten. Besonders die Arbeit mit dem „Inneren Kind" war und ist immer noch sehr beeindruckend für mich.

Ja, ich gebe mir, meinem „Inneren Kind" heute selbst diese Liebe, Fürsorge und Bestätigung, die ich in meiner Kindheit nicht bekommen konnte. Heute fühle ich mich nicht mehr klein. Die Wahl meines Partners, also Max, hatte mir nicht gutgetan. Das sagen auch meine Gedichte.

Die Liebesbeziehung mit Mehrdad eingegangen zu sein, zeigte noch einmal meine Not. Als Psychotherapeutin hatte ich vollends versagt. Ich schäme mich dafür! Aber hier wurde wieder mein Kindheitstrauma an das meiner Mutter an getriggert. Ich glaubte, in Mehrdad endlich all das gefunden zu haben, wonach ich mich immer gesehnt hatte. Er wirkte stark und männlich auf mich mit einem starken Willen und mit großem Durchsetzungsvermögen. und mit großem Interesse und Bewunderung für mich. Er war mir zugewandt, bemühte sich um mich und begehrte mich. Die Prägung vom Leben meiner Eltern und die Weitergabe der kriegstraumatischen Erlebnisse führten zu meinem Versagen.

Therapeutin und Patientin begrüßen sich.

Dr. Enders:

> „Es ist schön, dass Sie sich entschlossen haben, weiter mit mir therapeutisch zu arbeiten. Wie fühlen Sie sich jetzt, nachdem Sie den Brief Ihrer Mutter gelesen hatten?"

Monika:

> „Ich wusste das alles nicht. Es wurde nie ausführlich darüber gesprochen. Es tut mir so leid für meine Mutter, was sie alles Schreckliches erleben musste. Sie hatte keine geborgene Kindheit *mit* Zärtlichkeit, Spielen, Unbeschwertheit, Sich-Ausprobieren und Sattwerden. Sie erlebte Mangel und Verzicht auf so viel Gebieten. Trotzdem hat sie es geschafft, ein lebendiger, liebevoller, interessierter und positiver Mensch zu werden. Leider war ich als Jugendliche manchmal innerlich ungerecht mit ihr, wenn sie traurig, kraftlos und müde war. Heute weiß ich selbst, wie es ist, engagiert berufstätig zu sein, für die Kinder aufmerksames und empathisches und für den bedürftigen Partner verständnisvolles Gegenüber zu sein. Der sich für die Familie nur finanziell mit verantwortlich fühlt und meist müde erschöpft, überfordert und schlechtgelaunt ist. Am liebsten möchte ich meine Mutter jetzt umarmen!"

Dr. Enders:

„In unserer jetzigen Therapiephase wird es wichtig sein,
Ihr Leid anzuerkennen, aber auch nach den Ressourcen
sehen. Außerdem sollten wir nach den Zusammenhängen
zwischen Ihren Problemen und Beschwerden und Ihrer
Lebensgeschichte fragen. Ihre sorgenvolle Beziehung zu
den belasteten Eltern hatte leider teilweise verhindert, dass
Sie und Ihre Geschwister Ihr Eigenes überhaupt entdecken
konnten. Sie hatten zum Teil das Leid, die Ängste Ihrer
Eltern verinnerlicht, zu Ihrem Eigenen genommen. Ihre
Mutter ist Jahrgang 1942.

*„Die Forschung zeigt, dass gerade die Jahrgänge 1942 bis 1945, die
kaum Erinnerungen an ihre ersten Lebensjahre im Krieg oder die Zeit
unmittelbar danach haben, besonders von ihren frühen Erfahrungen
geprägt wurden. Die Mütter konnten weder ihre eigenen Gefühle noch die
ihres Babys regulieren. Es gab keinen schützenden Erwachsenen für Ihre
Mutter als Kleinkind, der ihr helfen konnte, das Erlebte einzuordnen und
zu bewältigen. Das wiederum könnte Auswirkungen auf ihre eigene
Beziehungsfähigkeit und Elternschaft gehabt haben." Aus: Schneider / Süss,
2015[9].*

---

[9] Michael Schneider/Joachim Süss

Die Weitergabe traumatischer Erfahrungen an die Folgegeneration erfolgte über die Bindungsbeziehung zu den Kindern, halb bewusst oder unbewusst, sprachlich oder nonverbal.

Bei Ihnen liebe Monika, bemerke ich einige psychische Auswirkungen:

- Seelische Verletzungen der Eltern heilen zu müssen.

- Unsicheres Selbstwertgefühl, wenig Kontakt zu sich selbst.

- Probleme mit vertrauensvoller Hingabe und mit Abgrenzung.

- Seelische Härte im Umgang mit sich selbst, Disziplin, Zusammenreißen, nicht Jammern.

- Mutterrolle für Ihre Mutter übernehmen.

Sie sind Psychotherapeutin geworden, liebe Monika. Viele Berufe, auch Ihrer, sind oft Trauma-Überlebensstrategien. Über die Arbeit machen Sie sich für andere nützlich. Sie opfern sich auf, um anderen zu helfen, sie zu retten. Dabei achten sie aber kaum auf Ihre eigenen Bedürfnisse. Sehen Sie das auch so?"

Monika:

„Das stimmt. Meine Rolle ist heute auch:

Stark sein zu müssen für die Kinder, dem Ehemann, meinen Eltern, die Kollegen sowie meinen Patienten. Zusätzlich hat meine Mutter mir auch ihre Hochsensibilität weitergegeben. Das kann ein Geschenk und eine Kostbarkeit sein, wenn ich sie auch für mich und meine Bedürfnisse nutzen würde."

Dr. Enders:

„Deshalb wird in unserer fortlaufenden Psychotherapie zusätzlich zum Betrachten der Kriegstrauma-Themen der Eltern und deren Übertragung an Sie weitere intensive Arbeit mit dem „Inneren Kind" wichtig sein, d. h. die imaginative Nachbeelterung: Sich selbst liebevoll umarmen, liebevoll und achtsam mit sich umgehen, sich selbst Trost und Mitgefühl geben, verletzte innere Teile versorgen.

Es sind oft die sensiblen unter den Kindern und die mit der größten Empathiefähigkeit (wie Sie in Ihrer Familie), die die Verantwortung für ihre traumatisierten und bedürftigen Eltern übernehmen. Sie haben durch die frühe Unterstützung der Eltern sehr früh hohe emotionale und soziale Fähigkeiten entwickelt. Dabei erfuhren Sie, dass für Ihre eigenen Wünsche kein Platz ist. Sie entwickelten später daraus besondere Kompetenzen, die sie in Ihrem Beruf als Psychotherapeutin erfolgreich machten.

Sie sollten sich aber fragen, ob Sie sich heute endlich auf sich besinnen und einen eigenen Ort für sich schaffen können."

Monika:

> „Ja, ich bin dabei. Es kostet mich aber viel Mut und
> Überwindung, den Weg zu beschreiten, eigene Bedürfnisse
> zu kommunizieren und sogar umzusetzen und sogar
> „Nein"-Sagen zu lernen. Ich habe dabei Verlustängste und
> Befürchtungen, unbeliebt zu sein.
>
> Das bedeutet für mich auch, von Menschen Abschied zu
> nehmen, die für mich Energieräuber und Narzissten sind."

Dr. Enders:

> „Haben Sie eine Idee, womit Ihre Mutter Sie sonst noch
> geprägt hat?"

Monika:

> „Aufgrund Ihrer eigenen Lebensgeschichte mit dem Vater
> (z. B. Entwertung der Frau) legte meine Mutter großen
> Wert auf Unabhängigkeit und Eigenständigkeit als Frau.
> Sie war leistungsorientiert, hat ihre Ziele verfolgt mit
> Disziplin. Sie jammerte nie. Ich bin ihr da sehr ähnlich. Ich
> bitte ungern um Hilfe, und sorge mich eher um andere.
> Bloß nicht hilflos und schwach sein!
>
> Die Richtung finde ich gut. Aber ich habe bei meiner
> Mutter und heute auch bei mir festgestellt, dass diese
> Lebenseinstellung in eine totale Erschöpfung führen kann.
> Ich sehe aber auch: Wenn ich nicht um Hilfe bitte, dann
> bekomme ich meist auch keine. Heute sehe ich auch in
> dem Wunsch, nur für andere da sein zu wollen, auch einen
> verborgenen Machtwunsch."

Dr. Enders:

„Monika, spüren Sie tief in Ihrem Inneren eine Sehnsucht, beschützt zu werden, sich anzulehnen?"

Monika:

„Ja, ich spüre das!

Gerade, wenn ich mich mal schwach fühle oder krank bin. Aber ich habe auch große Angst davor und wehre diese Sehnsucht ab.

Habe dann Panik verlorenzugehen."

Dr. Enders:

„Merken Sie, dass dieser Widerspruch zu der Verletzung der Abstinenz in Ihrer therapeutischen Arbeit mit Mehrdad geführt haben kann? Bei ihm, den Sie als starken und sehr liebevollen Mann empfunden haben, haben Sie sich wie ein kleines verliebtes und gefügiges Mädchen gefühlt. Nicht wie seine Therapeutin. Hier waren Sie nicht, wie bisher in Ihrem Leben, die Starke, Willensstarke, Beschützende.

Im Kontakt mit Mehrdad haben Sie getan, was er wollte. Waren blind und ausgeliefert. Sie hatten die Kontrolle verloren. Die Folgen hatten Sie nicht im Blick.

Nach Ihrer zwar liebevollen, aber sehr bedürftigen Mutter, Ihrem frauenverachtenden Vater, Ihrem selbstbezogenen narzisstischen und betrügenden Ehemann, traf mit Mehrdad jetzt ein willensstarker und sehr attraktiver

Mann auf Sie. Er kämpfte um Ihre Zuneigung. Eigentlich so ein Mann, den Sie sich schon immer gewünscht hätten.

Nur er war Ihr Patient!! Und schon früh vermuteten Sie eine schwere narzisstische Persönlichkeitsstörung bei ihm. Die Psychotherapeutin in Ihnen verschwand. Zurück blieb ein sehnsüchtiges kleines Kind, das geliebt, bewundert und gehalten werden wollte. Ihr Verliebtsein war eine Wiederholung es kindlichen Dramas."

Monika:

„Ich schäme mich so für mein Versagen. In meiner Kurzzeittherapie ist mir durch die Gespräche, durch Ihre Erklärungen und durch die interessanten verschiedenen Übungen vieles klar geworden. Ich konnte erkennen, was zu meinem großen Fehler geführt hatte, auch, was ich von meiner Mutter an Einstellungen und Verhaltensweisen übernommen hatte und was mich geprägt hatte.

Daran möchte ich hier bei Ihnen und im Alltag intensiv weiterarbeiten."

Dr. Enders:

„Monika, haben Sie sich schon häufiger gefragt, ob das Gefühl, das Sie gerade in dem Moment wahrnehmen, auch wirklich Ihr eigenes Gefühl ist? Spüren Sie manchmal eine Unruhe, eine Panik, eine Wut, einen Ärger, eine Verwirrung, ohne dass es in der Situation einen Anlass dazu gibt? Es könnte sein, dass Sie unbewusst das Gefühlserbe Ihrer Mutter oder Ihres Vaters in sich tragen."

Monika:

"Ja, häufig war ich vor Beginn der therapeutischen Arbeit mit Ihnen verwirrt von bestimmten Gefühlszuständen. Habe dann auch kurz gedacht, dass diese eher zu meiner Mutter passen, da sie sich nicht aus meiner Erfahrung erklären lassen.- Neuerdings übe ich, wenn das geschieht, mich selbst zu fragen: Ist das wirklich aktuell ein Gefühl, das zu mir gehört? und ich verabschiede es in einem Ritual.

In unserer Kurzzeittherapie vor einem halben Jahr haben wir meine negativen Glaubenssätze betrachtet. Wenn ich heute grüble und mir kommen solche Sätze in den Kopf, dann weiß ich immer häufiger, dass sie nicht zu mir gehören, und lasse sie los.

Stattdessen baue ich immer mehr positive Gefühle auf, betrachte das, was mir Freude bereitet, wo meine Stärken liegen, und bedanke mich dafür."

Monika:

"Meine Mutter trug die Wunde ihrer Mutter in sich und konnte mir deshalb trotz ihrer Liebe und Fürsorglichkeit nicht immer das geben, was sie selbst nicht bekommen hat. Meine Urgroßmutter litt unter schweren Depressionen, lag tagelang wie leblos im Bett, nachdem ihr Sohn mit sieben Jahren plötzlich verstarb. Meine Oma wurde als Tochter nicht gesehen. Sie versuchte erfolglos, ihre Mutter glücklich zu machen und entwickelte eine depressive

Störung. Meine Mutter entwickelte sich zur Mutter ihrer Mutter. Das wiederholte sich dann auch in der Beziehung zu unserem Vater, der unserer Oma teilweise sehr ähnlich war, vor allem in seiner ausgeprägten Bedürftigkeit. Und ich wiederholte in meiner Ehe zu Max das große Verständnis.

Das Ergebnis war: Vater und Max verliebten sich in eine andere Frau und verließen Frau und Kinder."

Dr. Enders

„Spüren Sie eine Wut oder ein anderes Gefühl auf Ihren Vater oder auf Max?"

Monika:

„Ich weiß nicht, ob es Wut ist. Es ist eher eine Verachtung für die feige Art der Trennung. Ich weiß und akzeptiere, dass jeder Partner sich neu verlieben kann. Doch dann muss darüber ehrlich und respektvoll gesprochen werden ohne Schuldzuweisung. Damit dann eine friedliche Trennung, vor allem im Sinne der Kinder, vollzogen werden kann."

Dr. Enders:

„Ich spüre gerade, dass Sie noch eine starke innerliche Bindung zu diesen beiden Männern haben.

Wenn Sie bereit sind, machen wir deshalb jetzt eine Loslassübung. Dazu nehmen Sie Ihren Stuhl und setzen sich in einem von Ihrem Gefühl entsprechenden Abstand gegenüber vom Sofa. In der Fantasie sitzen jetzt Max und Ihr Vater auf diesem Sofa. Betrachten Sie beide. Wie sitzen die da? Was fühlen Sie?"

Monika:

„Beide sehen schon wieder so bedürftig aus. Spontan könnte ich beiden eine heftige Ohrfeige geben und schreien: Ihr erbärmlichen Feiglinge!!!"

Dr. Enders:

„Könnten Sie sich vorstellen, beiden etwas zu sagen?"

Monika:

„Oh, ich schlage nicht. Aber was sollte ich sagen?"

Dr. Enders:

„Sagen Sie erst einmal Jedem etwas Positives, Wofür Sie dankbar sind. Dann sprechen Sie aus, warum sie wütend sind. Anschließend nehmen Sie diesen kalten und schweren Stein und sagen: Ich gebe Euch das Negative, das Leid und Belastende, das so kalt und schwer wie dieser Stein ist, zurück. Es gehört nicht zu mir, es gehört zu Euch. Ich will nicht mehr damit zu tun haben, und ich lasse Euch in Frieden los."

Monika:

Monika bedankt sich bei jedem Einzelnen für die schönen Stunden, die es auch gab. Sagt dann aber auch:

> „Vater, Du warst fast nie für mich da. Hast nur gearbeitet und warst kritisch mit uns Kindern. Hast auch unsere Mutter betrogen und belogen und sie unwürdig behandelt. Das hat Spuren hinterlassen bei mir. Auch in der Beurteilung von Männern. Das gebe ich Dir jetzt zurück. Und lass Dich los in Frieden."

> Und zu Max: „Du warst nur mit Dir, mit Deiner Schauspielerei beschäftigt, warst weder für die Kinder noch für mich da und hast mich auch belogen und betrogen. Das gebe ich Dir zurück. Ich lass Dich in Frieden los."

Monika legt den schweren Stein zwischen die beiden. Schaut sie noch einmal an. Schließt die Augen. Atmet tief ein und aus, nimmt den Stuhl und stellt ihn zurück zum Tisch.

Dr. Enders schweigt. Wartet einen Moment und fragt dann:

> „Wie fühlen Sie sich jetzt?"

Monika:

> „Ich bin so erleichtert. Mutter und ich sind frei."

KAPITEL 7
DIALOG ZWISCHEN HELENE
UND MONIKA

Helene:

„Du hast inzwischen meinen Brief gelesen. Heute habe ich konkrete Fragen an Dich. An welche Sätze von mir erinnerst Du Dich?"

Monika:

„Du, Mama, hast oft gesagt:

- Sex ist ein Geschenk. Warte unbedingt auf den Richtigen.
- Ich liebe Dich so wie Du bist.
- Ich bin so kaputt.
- Seid still, Euer Vater kommt!"

Helene:

„Ja, Du hast Recht. Und mir tut es auch leid, diese dauernde Rücksichtnahme auf Euren Vater und meine sichtbare Erschöpfung. Ihr musstet Euch viel zurücknehmen, still und bescheiden sein in Euren Bedürfnissen. Damals hatte ich noch nicht gelernt, mehr für Euch, aber auch für mich zu sorgen. Meine Hauptsorge galt Eurem Vater und meiner Mutter. Für meine Gefühle und Wünsche gab es auch keinen Raum. Das hatte ich schon in meiner Kriegszeit gelernt. Meine Seele blieb dabei relativ resilient, mein Körper aber reagierte oft warnend auf die Lebensumstände. Ihr musstet mich deshalb häufig erschöpft, kaputt und sogar krank wahrnehmen.

Welche Gefühle hattest Du durch meine Sätze?"

Monika:

„Wärme durchströmt mich wegen Deiner bedingungslosen Liebe. Auch ich liebe meine Kinder bedingungslos. Aber aufgrund der Erlebnisse mit Dir und Vater hatte ich auch Schwierigkeiten in meinen Beziehungen. Eure Ehe war kein positives Vorbild für mich. Auch hätte ich mir Mut zum freien Sex gewünscht."

Helene:

„Welches Beziehungsverhalten Deiner Eltern nimmst Du auch bei Dir wahr?"

Monika:

„Heute nicht mehr! Ich habe mich davon freigemacht, früher, in meinen ersten beiden Liebesbeziehungen, habe ich ausgehalten, geduldet, mich gekümmert und aufgeopfert, sexuell bedient und die Männer mit Gefühlen gefüllt. Zum Glück ist das vorbei!!

Zu Anfang war Sex heilig, kein Spaß, sondern ernst. Ich hatte Angst davor. Sex war wie eine Verpflichtung, die ich erfüllen musste. Das hat was mit meinem Körper gemacht z. B. die Essstörung. Das alles will ich heute nicht mehr!"

Helene:

„Wir sind uns dabei erschreckend ähnlich. Leider haben wir lange an schwierigen Beziehungen festgehalten. Wir hatten jeweils Hoffnung auf Änderung und hatten viel zu viel Geduld. Du bist wahrscheinlich geprägt von meinem Beziehungsverhalten zu Eurem Vater. Du bist aber schon lange dabei, Dich von Menschen zu trennen, die Dir nicht guttun und Dir nur die Zeit stehlen.

Auch ich lerne das gerade. Ich stelle mich heute nicht länger als Energietankstelle für Energiesauger zur Verfügung. Dadurch steht mir freigewordenes Energiepotential zur Verfügung.

Welche Ereignisse in unserer Familie waren für Dich bedeutsam?"

Monika:

„Der Alltag mit Vater und Mutter war meist wenig entspannend, freudvoll und erfüllend. Oft war es dunkel und belastend. Vaters Wut, Kränkungen und Depressionen waren bedrückend. Eure Trennung war für alle eine Befreiung.

Einmal im Jahr Familienurlaub war schön."

Helene:

„Was hättest Du Dir anders gewünscht?"

Monika:

> „Mehr Kommunikation und Streitbereitschaft. Mehr
> lachen. Das Gefühl, alles ist so fest und stabil, dass wir sein
> können, wie wir sind. Mehr Wärme, Anerkennung und
> mehr Bewunderung des Vaters. Mehr Mut von Dir, ihm
> gegenüber NEIN zu sagen und ihn früher verlassen zu
> haben. Du hast zu viel ausgehalten.
>
> Konstruktiv aggressives Verhalten wäre förderlich
> gewesen."

Helene:

> „Was hat Dir gefehlt?"

Monika:

> „Spaß, Freude, Leichtigkeit, Politik und Bildung.
>
> Nach dem Lesen Deines Briefes und jetzt durch unser
> persönliches Gespräch ist mir noch Vieles klarer und
> deutlicher geworden über meine Ängste, Unsicherheiten,
> Scheu sowie Bindungs- und Beziehungsmuster zu
> Männern. In meiner bisherigen Psychotherapie bei Frau
> Dr. Enders bin ich behutsam zum Kern meiner Person
> gekommen, auch durch die intensiven Übungen. Vor allem
> aber die Arbeit mit dem „Inneren Kind", die ich auch in
> Barcelona weitergeführt habe, hat mich mit mir selbst
> freudvoller und stabiler gemacht. Ich bin auch erleichtert
> aufgrund Deiner Beschreibungen über Männer und
> Sexualität, dass meine persönlichen Probleme mit
> Liebesbeziehungen nicht nur mit mir zu tun haben,

sondern dass ich sie unbewusst von Dir übernommen habe.

In meiner jetzt wieder aufgenommenen Therapie bei Frau Dr. Enders werde ich mir diese bisher dunklen Seiten in mir intensiver anschauen und bearbeiten.

Ich erkenne schon jetzt, dass Eure Kriegserfahrungen sich auch auf mein Beziehungserleben ausgewirkt haben. Ich konnte bisher kein Vertrauen entwickeln, auf die eigenen Bedürfnisse zu achten, mich binden an einen Mann. Ich hatte Partner, die auch nicht bindungsfähig waren. Zwei Partner hatten ausgeprägte narzisstische Störungen."

Helene:

„Liebe Monika, eine innerfamiliäre Aufarbeitung wäre für Dich, wenn Du die Weitergabe durch Deine Eltern erkennst, sie bewusst annimmst, aber auch zurückweist. Ich habe in meiner Traumatherapie gelernt, mich mit Schmerz und Trauer auseinanderzusetzen und letztendlich eine innere Stärke daraus zu entwickeln. Wichtig war dabei eine Offenheit für Leidvolles, aber auch immer mehr für Dankbarkeit, Bescheidenheit, Lebensfreude, Güte und Heiterkeit.

Aber am wichtigsten war, dass ich mir selbst mit mehr Liebe und Mitgefühl begegnete. Die Nachbeelterung fand für mich überwiegend im Selbst statt, gestützt vom Mitgefühl meiner Therapeuten und ihr Halt gebenden

Therapie. Ich habe auch gelernt, dass es für mein kindliches psychisches Gleichgewicht nicht gesund war, andere (vor allem meine Mutter, Brüder, Vater, Freunde und Partner) wichtiger zu nehmen als mich selbst.

In meiner Kindheit war mein Hauptziel, meiner Mutter ihren Schmerz und ihre Depression zu nehmen und sie glücklich zu machen. Das habe ich leider nicht geschafft. In der Ehe habe ich mich bemüht, Euren Vater glücklich zu machen. Auch das ist mir misslungen, obwohl ich 30 Jahre alles versucht hatte.

Ziel in meiner Psychotherapie war, dass ich mich in der Lage fühlte, mich meinem „Inneren Kind" liebevoll zuzuwenden und es so zu trösten, wie man kleine Kinder tröstet, was ich als Kind nicht erleben durfte. Das alles brauchte viel Zeit und Geduld. Vor allem auch für meinen Therapeuten.

Immer wieder ging es um die Versorgung des kindlichen Teils, der die Vergewaltigung der Mutter, den Suizid des Großvaters, die Flucht, den Hunger, die Armut und die Nöte der Eltern miterleben musste.

Ich lernte, andere nicht wichtiger zu nehmen als mich selbst. Und meine Kompetenzen und Ressourcen wurden erkundet und benannt."

KAPITEL
PRAXIS DR. ENDERS – MONIKA

Dr. Enders:

> „Monika, Sie können sich heute schon besser abgrenzen
> von den Wünschen anderer und sich auch wehren und
> „Nein" sagen. Das muss im Alltag weiter erprobt und
> ausgebaut werden. Sie haben vor ein paar Tagen mit Ihrer
> Mutter ausführlich über deren Brief gesprochen.

> Was ist Ihnen dadurch noch klarer geworden über Ihr
> eigenes Verhalten?"

Monika:

> „Ich befürchte, meine Mutter hat einige ihrer in der
> Kindheit erlittenen Traumata - die Vergewaltigung der
> Mutter als Kleinkind mit ansehen zu müssen, die Tötung
> ihres geliebten Hahns., den erhängten Opa zu finden,
> Existenzangst, Hunger, Haltlosigkeit, Alleinsein,
> bedürftige Mutter, Disziplin, Leistungsdruck unbewusst
> an mich weitergegeben. Sie war noch sehr jung, sie wurde
> mit all den tragischen Erlebnissen alleingelassen und es
> herrschte Sprachlosigkeit. Dadurch konnte keine
> Traumaverarbeitung stattfinden. Schon früh in meiner
> Kindheit habe ich eine verborgene Angst und Panik in
> meiner Mutter gespürt. Verstecktes Leid und eine tiefe
> Sehnsucht nach Halt und Nähe. All das habe ich in mir
> wahrgenommen, ohne zu wissen, was es war."

Dr. Enders:

"Monika, Ihre Mutter hat Ihnen einen Einblick in ihre Therapieerfahrungen gegeben. Sie selbst haben genau wie Ihre Eltern verletzte Anteile, die nicht beantwortet wurden, weil die Eltern mit dem eigenen Leid beschäftigt waren. Die dauernde Bedürftigkeit Ihrer Eltern verhinderte es, dass Sie sich Ihre eigenen Gefühle und Wünsche ansehen konnten. Deshalb werden wir hier in der Therapie, ergänzend zu unserer gemeinsamen ersten Therapiephase mit den Themen „Inneres Kind", „Resilienz", „Glaubenssätze", „Giftsätze", „Aggressionsformen", „Bindungsmuster" und „Grundbedürfnisse (Hannig, 2020[10]) uns mit den noch vorhandenen Unklarheiten und Unsicherheiten beschäftigen.

Dabei werden wir versuchen, folgende Fragen im Laufe der nächsten Monate zu beantworten:

- Wann verhalte ich mich wie meine Eltern meinen eigenen Kindern gegenüber?

- Erlaube ich mir, meine eigenen Gefühle wahrzunehmen?

- Wann gibt es Zusammenhänge zwischen meinen

---

[10] Ulrike Hannig

Beschwerden und meiner Lebensgeschichte?

- Wie gehe ich mit aktuellen Konflikten um?

- Dabei immer wieder die Geschichte der kriegstraumatisierten Eltern betrachten.

- Trauer und Schmerz und auch Wut zulassen,

- Dankbarkeit und Lebensfreude im Hier und Jetzt wahrnehmen.

- Innere Stärke weiter fördern. Wie schon in der ersten Therapiephase.

- Weiter Selbstfürsorge und Mitgefühl mit sich selbst lernen.

Die meisten der eben genannten Ziele haben wir schon betrachtet und auf den Weg gebracht.

Monika:

„Ich möchte Ihnen noch kurz von einem Telefongespräch mit meiner Mutter heute Morgen berichten. Sie weinte bitterlich, konnte kaum sprechen. Und war völlig durcheinander. So hatte ich sie bisher noch nie erlebt.

Sie erzählte mir, dass ihr Trauma mit dem erhängten Opa wieder angetriggert worden sei, als sie sich vor zwei Tagen von ihrem gerade vor einer Stunde verstorbenen Bruder verabschieden wollte. Sie war allein mit ihm im Raum, konnte sich Zeit nehmen, ihn zu berühren, ihn anzuschauen und mit ihm zu reden. Sie war dankbar für diese Zeit des Abschieds von ihm. Ihr Herz schmerzte. Alles war friedlich.

Doch dann der Anblick: Offener, erschrockener Mund. Viel Ähnlichkeit mit dem damals suizidierten Opa.

Meine Mutter konnte sich in Liebe und Dankbarkeit für die kostbare Zeit mit ihm verabschieden. Dennoch verfolgte sie in den nächsten Tagen das Bild ihres verstorbenen Bruders in ihren Träumen und auch im Alltag. Vor allem dieser offene Mund, wie ein Aufschrei, verfolgte sie in ihren Träumen und auch im Alltag."

Dr. Enders:

„Das ist wirklich ein berührendes und bedeutsames Beispiel für verborgene Traumata, das vor mehr als 70 Jahren erfahren wurde, durch ein ähnliches Erlebnis mit aller Kraft wieder lebendig werden kann.

Sie hatten in unserer ersten Therapiephase ausführlich und regelmäßig mit Ihrem „Inneren Kind" gearbeitet. Auch später während Ihres Aufenthaltes in Barcelona« Dadurch erreichten Sie einen guten Zugang und Umgang zu sich selbst und stabile Fürsorge mit sich selbst.

Sie haben erkannt, dass bei Ihnen auftretende Symptome wie Angst, Panik, Unsicherheiten die Ursache zum Teil in Ihren kindlichen Erlebnissen sowie in der transgenerationalen Weitergabe von kriegstraumatischen Erfahrungen ihrer Eltern zu finden sind.

Und Sie haben wahrgenommen, dass Ihr kindlicher und Ihr erwachsener Teil lernen, miteinander zu sprechen oder nonverbal zu kommunizieren.

Ihre Alltagsaufgaben bewältigen Sie inzwischen gut. Ich bemerke auch, dass Ihr erwachsenes Ich ausreichend stabil ist, um sich mit dem „Inneren Kind" zu beschäftigen. Passen Sie dabei auf, dass eine klare Trennung zwischen Ihrem erwachsenen und Ihrem kindlichen Teil ist. Gehen Sie humorvoll mit dem Kind um. Vertiefen Sie den auftretenden Schmerz nicht, aber erkennen Sie ihn als einen Teil von Ihnen. Unterscheiden Sie zwischen damals und Hier und Jetzt!!

Sind Sie jetzt bereit für eine Übung mit dem „Inneren Kind", bezogen auf die dramatische Situation im Stadtpark?"

Monika:

„Ja, ich bin offen für eine neue Erfahrung, Auch wenn mir ein wenig bange ist."

Dr. Enders:

„Schließen Sie bitte die Augen. Atmen Sie langsam ein und aus. Sie spüren den Boden unter Ihren Füssen, der Sie hält. Und Sie spüren den Stuhl. Atmen Sie noch einmal ein und dann aus.

Sie sind jetzt die Erwachsene, die hier bei mir sitzt. In Gedanken gehen wir jetzt gemeinsam in den Stadtpark. Sie sehen die Wiese, die Bäume, den See. Schauen auf das

Wasser, spüren den Boden unter den Füssen. Atmen noch einmal tief ein und aus.

Jetzt geht Mehrdad auf Sie zu. Besinnen Sie sich, dass Sie eine starke erwachsene Frau sind. Mehrdad schreit Sie schon von weitem an, geht weiter auf Sie zu. Es ist eine bedrohliche Situation. Sie sind eine starke erwachsene Frau und beschützen Ihr ängstliches „Innere Kind".

Spüren Sie, dass in Ihnen eine Unruhe ausbricht. Erden Sie sich, atmen Sie ruhig ein und aus.

Sagen Sie sich im Stillen, dass Ihr „Inneres Kind" beunruhigt ist, nicht die erwachsene Frau!

Als Erwachsene nehmen Sie in Gedanken das Kind in Ihre Arme und beschützen und beruhigen es. Sie sagen: „Das hat jetzt keinen Sinn, weiter zu streiten. Wir gehen jetzt nach Hause."

Sie stellen sich Ihre äußeren Umrisse vor und sagen sich: „Ich grenze mich ab nach außen. Ich bin ich und ich bin wichtig." Das wiederholen Sie dreimal.

Dabei atmen Sie eine noch vorhandene Angst aus in den Boden. Gehen weiter und atmen an einer anderen Stelle die Naturkraft des Bodens ein und stärken sich damit.

Sie sehen sich kraftvoll weitergehen. Lassen die unguten Gefühle dort. Atmen sie noch einmal aus.

Gehen Sie weiter nach Hause. An Ihren sicheren Ort. Sagen Sie dabei dem Kind: Die Angst gehört nicht zu Dir. Es ist die Angst der Erwachsenen, als sie als kleines Mädchen die

Vergewaltigung Ihrer Mutter mit ansehen musste. Das ist lange vorbei! Dieses Trauma hatte ich als Kind von ihr übernommen.

Es wurde reaktiviert, als Mehrdad mich vor einigen Monaten vergewaltigt hatte und jetzt noch einmal, als er so bedrohlich im Stadtpark auf mich zukam. Aber jetzt bin ich fähig, mich zu wehren!"

Langes Schweigen.

Dr. Enders:

„Monika, lassen Sie die Augen geschlossen. Nehmen Sie sich die Zeit, die Sie brauchen. Was haben Sie eben erlebt? Was sehen Sie, was fühlen Sie? Öffnen Sie bitte erst die Augen, wenn Sie bereit sind."

Monika schweigt lange, dann laufen Tränen Über ich Gesicht. Sie schluchzt und sagt:

„Ich erinnere jetzt alles, was an dem Tag im Stadtpark passiert ist. Gerade habe ich die Bedrohung und die Panik gespürt, die meine Mutter als Kind gefühlt haben musste. Es war so, als wäre ein Knoten geplatzt. In dem Streit mit Mehrdad erging es mir wie ihr. Ich fühlte mich wie ein kleines Kind und keine Erwachsene: Ein böser Mann, der mich hilfloses Kind bedroht. Ich konnte in der Übung die Angst und Panik ausatmen und erleichtert mit meinem „Inneren Kind" nach Hause gehen. Dabei wurde es immer deutlicher, dass diese Angst ursächlich die Angst meiner Mutter als Kind war. Jetzt weiß ich, dass ich als

Erwachsene stark genug bin, mich zu wehren oder einfach zu gehen. Auch weiß ich jetzt, da meine Erinnerungen wieder da sind, dass ich Mehrdad nicht getötet habe. Er lebte noch, als ich ging!"

Dr. Enders:

„Ihre starke Erregung, Panik und Angst während des Streits mit Mehrdad im Stadtpark und der anschließende Gedächtnisverlust weist tatsächlich darauf hin, dass es eine Affektbrücke zu einer traumatischen Situation gibt.

Das Wahrnehmen des Hier und Jetzt und Grounding ist in einer solchen Situation wichtig. Auch sollte die Erwachsene dann das „Innere Kind" beschützen und beruhigen und es an einen sicheren Ort bringen und Sicherheit geben. Und Sie als Erwachsene sollten sich selbst klar machen, dass alles, was Sie in dieser Notsituation spüren, zum größten Teil die Erlebnisse und Gefühle Ihrer Mutter waren.

Monika, Sie als Kriegsenkel haben lernen müssen - genau wie Ihre Mutter als Kriegskind - sich in andere Menschen einfühlen zu können. Auch für Ihren Beruf als Psychotherapeutin. Das ist eine kostbare Fähigkeit, aber nur, wenn sie darüber nicht die eigenen Bedürfnisse aufgeben oder notwendige Konflikte scheuen.

Auch ist es eine Stärke (wozu Sie als Kind durch die Umstände gezwungen wurden); Herausforderungen selbständig meistern zu können. Auch Ihr Ehrgeiz hat Ihnen geholfen, Ihr Leben hauptsächlich nach Ihrem

Wunsch zu gestalten. Nehmen Sie das Positive Ihres Erbes an!

Werden Sie frei für die bewusste Gestaltung Ihres eigenen Lebens. Akzeptieren Sie Ihre Grenzen. Vielleicht ist noch ein privates und berufliches Umdenken notwendig. In unserer Therapiearbeit haben wir herausgefunden, dass die traumatischen und belastenden Erfahrungen Ihrer Eltern, die nicht ausgesprochen und aufgearbeitet wurden, auf Sie und Ihre Geschwister übertragen wurden. Sie haben nachempfunden, welche emotionalen und materiellen Entbehrungen Ihre Eltern hinnehmen mussten. Für sie gab es emotionale Unerreichbarkeit, Leistungsdruck, Sprachlosigkeit, Bindungslosigkeit, Alleinsein, Existenzangst, Hunger. Vieles mussten Sie auffangen. Sie haben Gefühle übernommen, Ängste geerbt, Rollen eingenommen, die eigentlich nicht zu Ihnen gehörten. Sie spürten oft Angst, ohne zu wissen, warum. Sie spürten den Schrecken der Eltern und teilten ihn, ohne zu wissen, was den Schrecken ausgelöst hat.

Lassen Sie die Erfahrungen aus der heutigen Sitzung nach wirken bis zu unserem nächsten Termin."

Beide verabschieden sich.

Nachdem Monika den Therapieraum verlassen hat, sitzt Frau Dr. Enders nachdenklich am Schreibtisch.

„Monika hat also wirklich den Mord nicht ausgeführt. Sie wurde nur retraumatisiert wegen der erheblichen Bedrohung durch das

Treffen und den Streit mit Mehrdad im Stadtpark. Danach ist ihr ganzes Nervensystem zusammengebrochen und sie ist zu Hause in einen tiefen Schlaf versunken mit anschließendem Gedächtnisverlust. Durch die Übung mit dem „Inneren Kind" ist die Erinnerung wieder da. Ich bin so froh, dass nichts Schlimmes im Stadtpark durch Monika passiert ist und dass sie unschuldig ist."

Frau Enders stellt das Radio an, konzentriert sich auf die neuesten Nachrichten und bekommt gerade noch zu hören: „und der Mord an M. ist aufgeklärt. Seine ehemalige Geliebte kam mit einem Anwalt zur Polizeidienststelle und berichtete, sie sei im Stadtpark spazieren gegangen mit ihrem Hund. Hat dann von weitem M. und eine kleine blonder Frau ganz nah beieinander gesehen. Eifersucht kam wieder hoch: „Er hat mich wegen dieser unscheinbaren und langweiligen Tussi verlassen. Ich werde mich rächen!"

Voller Wut und Hass sei sie gewesen, Als sie M. kennengelernt hatte, war sie unendlich glücklich, nach ihren vielen Enttäuschungen mit Männern. Sie hoffte endlich ihren Traummann gefunden zu haben. M. hatte ihr so viele Komplimente gemacht, sei so aufmerksam und interessiert an ihr gewesen. Plötzlich war alles wieder vorbei! Eigentlich wollte sie die Konkurrentin verfolgen, entschloss sich dann aber, auf M. zuzugehen. Als sie sich ihm näherte, fluchte er und beschimpfte sie: „Du Nutte, was willst Du von mir noch? Lass mich in Ruhe. Du bist ein Nichts. Das mit Dir war ein Versehen!" In ihr brach bei diesen Beleidigungen alles zusammen. Sie verlor ihre Kontrolle. Griff in ihre Manteltasche und zog ein Taschenmesser, das sie bei ihren Spaziergängen immer zum Schutz dabeihatte, heraus. Sie konnte nicht mehr anders und verlor ihre Kontrolle. Wie im Wahn stieß sie immer und immer wieder auf ihn ein. Sie nahm nicht mehr war, wohin und konnte nicht aufhören. M. wehrte sich nicht und stürzte zu Boden. Sie ließ ihn liegen und floh. Lief mit ihrem Hund, der heftig kläffte, zu ihrem Auto und fuhr nach Hause. Später, zu Hause, sagte sie sich im Stillen: „Das hast Du verdienst, Du Versager. Und ich hoffe, die blöde Kuh Monika ist gesehen worden bei ihm und wird jetzt verdächtig, ihn erstochen zu haben. Sie hat es verdient, wenn sie jetzt in den Knast kommt."

Aber leider kam für mich alles anders. Die Polizei klingelte bei mir. Ich wurde befragt. Ich versuchte zu leugnen. Ich wurde gesehen und mein Auto mit Kennzeichen wurde beschrieben. Und eine Speichelprobe und Fingerabdrucke bestätigten meine Tat."

Gedanken Enders: „Monika kann jetzt endlich zur Ruhe kommen."

Monika sitzt nach der beeindruckenden Übung mit dem „Inneren Kind" in ihrer Wohnung.

Monika:

„Ich bin so erleichtert. Durch die Übung erinnere ich deutlich, dass ich voller Angst und Schrecken, aber auch voller Wut auf M. war. Und ich ihn verlassen hatte, als er noch lebte. Ich habe ihn nicht erstochen. Aber völlig fertig und verwirrt bin ich nach Hause gegangen. Bin in der Wohnung angekommen und habe mich dann aufs Sofa gelegt und bin eingeschlafen. Ich habe ihn nicht getötet. Das weiß ich jetzt!"

Das Telefon klingelt. Sie nimmt den Hörer ab.

Dr. Enders:

"Monika, haben Sie schon die Nachrichten gehört? Mehrdads Geliebte hat ihn getötet. Sie hat es der Polizei gestanden. Jetzt können Sie wirklich durchatmen!"

Monika:

"Danke für Ihren Anruf, Ich fühle mich jetzt total erleichtert, aber die Frau tut mir sehr leid. Wie verzweifelt muss sie gewesen sein. Irgendwie kann ich sie gut verstehen. Ich fühle mit ihr! Bis zu unserem nächsten Therapietermin Frau Dr. Enders."

Monika nach der Scheidung. Gedanken an Max:

Ein Jahr leben wir nun schon getrennt. Viel ist passiert seitdem. Die lange tiefe Trauer ist vorbei, Fröhlichkeit und Lachen, Lebendigkeit und Mut ist inzwischen bei uns eingezogen, ohne Dich.

Oft bin ich sogar froh, dass wir nicht mehr miteinander leben müssen,

Andere Männer habe ich kennengelernt, andere Zärtlichkeit und andere Liebe, dich hatte ich oft total vergessen, froh und glücklich fühlte ich mich.

Doch ich ließ nie ein tiefes Gefühl zu den anderen zu.

Ich war leicht und verliebt, aber mehr nicht.

Spürte ich das Herannahen ernsterer Gefühle, dann flüchtete ich.

Aus Angst vor Verletzung, aus Angst vor der Wiederholung einer so sprachlosen und verachtungsvollen Trennung

KAPITEL 9
PRAXIS DR. ENDERS –THEATERTHERAPIE

Dr. Enders:

> „Monika, wir haben beide in den letzten Monaten viele
> wichtige Themen miteinander bearbeitet, und ich freue
> mich zu sehen, mit welcher Resilienz, Kraft und
> Lebensfreude Sie heute durch ihr Leben gehen.

> Trotzdem würde ich mir wünschen, dass Sie für die noch
> offenen oder sogar verborgenen oder noch nicht tief genug
> bearbeiteten Themen an einer Theatertherapiegruppe
> teilnehmen. Diese würde in vier Wochen beginnen und
> über zehn Wochen jeweils an den Wochenenden
> stattfinden."

Monika:

> „Was kann ich da noch lernen? Wie würde das ablaufen?"

Dr. Enders:

> „In den Einzelsitzungen habe ich als Ihre
> Psychotherapeutin viele verschiedene Seiten Ihrer
> Persönlichkeit erlebt und gesehen. Manche nur vermutet.
> Diese verborgenen Wesenszüge möchte ich gemeinsam mit
> Ihnen sichtbar machen durch das Theaterspielen. Sie haben
> mir erzählt, dass Ihre Mutter in Ihrer Kindheit viel Theater
> gespielt hat. Zusammen mit Ihren Geschwistern haben Sie
> improvisiert, verschiedene Rollen gespielt, getanzt und

gesungen. Mit Begeisterung haben Sie selbst oft gerne die Hexe, die Böse und den Teufel gespielt. Was Ihnen in Ihrem realen Leben völlig fremd war. Dort waren Sie meist die Ruhige, Liebe, Sanfte, Verständnisvolle, ohne eigene Wünsche und Willen. Es gab auch Zeiten, da hatten Sie selbst die Idee Schauspielerin zu werden wie Ihre Mutter. Haben sich dann aber für den Beruf der Psychotherapeutin entschieden. In unserer Theatergruppe wird es hauptsächlich Sensibilisierungs-, Wahrnehmungs-, Improvisationsübungen, Pantomime und Rollenspiele mit Aufführungen geben.

Durch meine Auswahl einer bestimmten Rolle mit einem ausgeprägten Charakter aus Theatertexten wird Ihnen die Möglichkeit gegeben, alternative und vielleicht völlig fremde Handlungsmuster auszuprobieren. Dabei verdeckte Gefühle zu erforschen, Schutzmuster behutsam zu entfernen, alte verfestigte belastende Handlungsweisen erkennen, loslassen und neue ausprobieren.

Im Theaterspiel könnte es Ihnen gelingen, verborgene seelische Konflikte bewusster zu erkennen und zu fühlen. Die Theatertherapie erlaubt den Ausdruck von heftigsten Aggressionen, Wut, Verzweiflung, Hilflosigkeit, Sehnsucht. Was Ihnen im Alltag oft nicht möglich ist. Auch werden Sie erkennen, wie wichtig dabei der Kontakt zu den anderen Teilnehmern sein wird. Sie können im Schutz der Therapiegruppe auf der Bühne ausprobieren, was Sie im realen Leben im Moment vielleicht nicht können. Auch kann diese Therapieform zur vertiefenden Verarbeitung

Ihrer zugrundeliegenden Traumata und zur Bewusstwerdung psychodynamischer Zusammenhänge beitragen.

„Unter dem Schutz der Rolle ist es möglich, spielerisch in den Spiegel zu schauen, um zu erfahren, wie Sie sonst noch sind. Enge Muster können erkannt werden und der Ausstieg daraus lässt Neues wagen" aus; Neumann[11] u.a. (2008)

Monika:

„Das alles spricht mich sehr an. Die Chance möchte ich gerne wahrnehmen und an der Theatertherapie-Gruppe teilnehmen. Ich freue mich sehr darauf und bin sehr gespannt, was alles passieren wird.

Auch auf die pantomimischen Übungen bin ich sehr neugierig. In meiner eigenen Praxis erlebte ich oft, dass ein Patient schon im Erstkontakt sein Befinden ausdrückt im Gesicht und in der Körperhaltung: Ängstlicher Gesichtsausdruck. Abwehrende, mürrische, versteinerte, traurige, aber auch offene und neugierige Mimik. Und hängende Schultern, gebeugter Rücken, starre Haltung mit allzu festem Handdruck oder eine extrem lasche Begrüßung ohne Augenkontakt. Oder ein bohrender Blick. In meiner therapeutischen Arbeit machte ich dann meist aufmerksam auf meine Beobachtungen, Im Laufe wurde dann versucht, der Körperhaltung einen anderen Ausdruck zu geben. Dieser neue Ausdruck konnte meist

---

[11] Neumann/Müller-Weith/Stoltenhoff-Erdmann

den inneren Zustand verändern. Aufgrund meiner Erfahrungen in meiner Tätigkeit freue ich mich jetzt besonders, dass bei Ihnen zu Anfang der Theaterarbeit pantomimische Übungen eingesetzt werden. Das wird mir selbst privat und beruflich neue Impulse geben."

Dr. Enders:

„Wir laufen mit gesellschaftlichen Masken umher. Die ständigen Wiederholungen bestimmter muskulärer Abläufe hinterlässt Spuren in unseren Gesichtern und Körperhaltungen. Ich fahre täglich mit der S-Bahn zur Arbeit. Immer wieder erschrecken mich die Gesichtsausdrücke der Mitfahrer: Ausdruckslose Augen und Gesichtszuge vor dem Handy; kein Blickkontakt mit anderen; heruntergezogene und empörte Mundwinkel; enttäuschter, gelangweilter, depressiver oder wütender Blick. Ganz selten ein offener oder freundlicher Gesichtsausdruck oder sogar ein Lächeln. Auf ein Lächeln von mir nehme ich verschiedene Reaktionen wahr: Erstaunen, fragend, Desinteresse und Abwehr. Aber selten auch eine freundliche Erwiderung. Werde ich unverhofft angelächelt, so wärmt mich das sehr und begleitet mich noch eine ganze Weile.

Monika, ich freue mich, dass Sie Interesse an der Theaterarbeit haben. Wir sehen uns dann in vier Wochen wieder."

Beide verabschieden sich voneinander.

KAPITEL 10
PRAXIS DR. ENDERS –
FALLDARSTELLUNG AUS DER
THEATERTHERAPIE

Dr. Enders:

> Es wurden aussagekräftige Szenen aus der Theaterliteratur
> herausgesucht. Ich wähle für jeden Patienten, der durch
> eine vorangegangene Einzeltherapie eine genügende
> Stabilität für sich erreicht hat, eine für ihn voraussichtlich
> wirksame Rolle aus.
>
> Dabei geht es um Persönlichkeitseigenschaften, die bisher
> im Verborgenen waren und deshalb nicht gelebt werden
> konnten. Ein Schauspieler und Pantomime begleiteten
> mich bei dieser Therapie-Theater-Arbeit.

Praxis Dr. Ender

Falldarstellung in der Theatertherapie 1
In einer Gruppe mit zehn Teilnehmern übernimmt Monika F. in dem Stück „Besuch der alten Dame" von DÜRRENMATT die Rolle der Claire Zachanarzin, welche nach vielen Jahren in das Bergdorf in Güllen zurückkehrt: mächtig, reich, als Multimillionärin, nachdem sie als junge Frau an diesem Ort schlecht behandelt worden war. Sie wurde betrogen, geächtet und missachtet. Jetzt kommt sie sehr wohlhabend, mit Gefolge, Butler und Zofen zurück. Die Dorfbewohner erhoffen einen Geldsegen und hofieren sie, als hätten sie ihre eigenen Schandtaten Claire gegenüber vergessen.

Claire lässt sie in dem hoffnungsvollen Glauben, geht selbstsicher und stolz durch den Ort, verborgen in sich ist sie aber voller Hass und Rachegelüsten. Vor allem ihrem damaligen bösartigen Geliebten gegenüber. Ihre Beinprothese und ihr Gehstock geben ihr ein stolzes und majestätisches Aussehen.

Monikas Persönlichkeit hat mit Claire überhaupt nichts zu tun. Obwohl sie ja auch in ihrem Leben sehr verletzende Situationen mit Männern erlebt hatte. Die eigentlich zarte, sanfte, liebevolle und leise Frau steht jetzt auf der Bühne und wird zu einer harten und bösartigen Rächerin. Sie trägt einen großen schwarzen Hut, eine Brille sowohl einen riesigen verhüllenden dunklen Mantel. Sie bewegt sich steif mit geradem Rücken und schlägt mit ihrem Gehstock immer wieder bestimmend auf den Boden. Ihre Stimme ist laut, herrisch und hart. Verachtungsvoll den Dorfbewohnern gegenüber. Sie strahlt Macht und Bedrohung aus.

Anfangs fiel es Monika schwer, in diese Rolle hineinzufinden. „So herrisch und gemein kann ich nicht sein." Aber Stück für Stuck nahm sie Claires extreme Verhaltensweisen an, wurde immer lauter und strenger und hatte schließlich eine große Motivation, sie zu spielen. Ihre beiden Söhne und Max waren auch zur Aufführung gekommen als Zuschauer. Nach der Vorstellung fragte der jüngere Sohn Monika: „Mama, Du hast doch gesagt, dass du da mitspielst. Ich habe Dich gar nicht gesehen. Warum nicht?"

Diese Aussage war für Monika ein großes Kompliment. Im Alltag wollte sie jetzt zwar nicht sich wie Claire verhalten, doch will sie weiter lernen, Ihren Gefühlen und Wünschen mehr und deutlicher Ausdruck verleihen.

Praxis Dr. Ender

Falldarstellung in der Theatertherapie 2

Frau E., eine 50-jährige Patientin, berichtet, dass sie seit 30 Jahren mit ihrem Ehemann zusammenlebt. Sie haben zwei Kinder zusammen (19 und 23 Jahre alt). Schon zu Anfang der Ehe spürte sie, dass sie sich zu Frauen hingezogen fühlt. Aber sie konnte nicht dazustehen. Ihre Eltern hätten sie abgelehnt.

Und sie hatte keine Berufsausbildung und hätte sich wegen ihrer Unselbständigkeit nicht trennen können. Zumal ihr Mann gut mit ihr umging. Aber sie fühlte sich immer fremder in ihrer Ehe und ihrem Leben. Die körperliche Nähe mit ihrem Mann wurde immer beklemmender und immer seltener. Wegen gehäufter körperlicher Erkrankungen kam sie zu mir. Nach einer tiefenpsychologisch fundierten Kurzzeittherapie in Einzelsitzungen kam sie in die Theatertherapie-Gruppe.

Ich wählte für sie Textstellen aus „CARMEN" von GEORG BIZET aus:

José   „Ich drohe nicht, ich flehe, ich beschwöre dich, unsere Vergangenheit, Carmen, ich vergesse sie, Carmen, wir werden zusammen ein anderes Leben beginnen, weit von hier, unter anderem Himmel.„

Carmen: „Du verlangst das Unmögliche, Carmen hat noch nie gelogen, ihre Seele bleibt unbeugsam; zwischen ihr und dir ist es aus. Warum willst du dich noch um ein Herz bekümmern, das dir nicht mehr gehört?

Vergebens sagst du: Ich bete dich an, du wirst von mir nichts erhalten."

José: „Du liebst mich nicht mehr?"

Carmen: „Nein, ich liebe dich nicht mehr!"

José: „Doch, ich, Carmen, ich liebe dich noch. Carmen, Carmen, ich bete dich an!"

Carmen: „Wozu das alles? Nichts als Überflüssige Worte! Niemals wird Carmen nachgeben. Frei ist sie geboren und frei wird sie sterben. Lass mich Don Jose ... Ich folge dir nicht."

José: „Nein, bei meinem Blut, du wirst nicht gehen, Carmen, du wirst mir folgen."

Carmen: „Nein, nein, niemals! Nun gut! Töte mich also oder lass mich vorbei."

José: „Nun gut, Verdammte"

(José hat Carmen getroffen mit dem Messer. Sie fällt tot zu Boden.)

José: „Ihr könnt mich verhaften ich bin es, der sie tötete."

Dr. Enders:

> „Frau E. fragte mich während der Proben immer wieder:
> „Warum soll ich diese Rolle spielen?" und ich antwortete:
> „Warten Sie ab. Ihre Gefühle werden es Ihnen bald sagen."

> Schon vor der Aufführung nahm sie immer mehr wahr,
> was ihr „Carmen" sagen wollte. Nach der Premiere wusste
> sie es, und sie beschloss, sich zu trennen von ihrem Mann
> und bat mich, mit ihnen beiden ein Paargespräch zu
> führen.

> Ihr Mann erschien mit ihr. Er war nicht sehr erstaunt über
> ihr Outing. Lange schon hatte er etwas vermutet. Dennoch
> war er jetzt enttäuscht und wütend, auch auf mich. Schob
> mir die Schuld zu wegen unserer therapeutischen Arbeit.
> Ich bat um ein zweites Gespräch zu Dritt. Was zwei
> Wochen später stattfand. Der Ehemann war zwar noch
> traurig, aber auch wesentlich einsichtiger und friedlicher.
> Beide wollten sich in Frieden trennen und trotzdem vor
> allem als Eltern miteinander verbunden bleiben.

> Frau E. fand eine Aushilfstätigkeit in einem Modegeschäft
> und zog in eine kleine Wohnung. Ihre Kinder traf sie
> regelmäßig und zu ihrem geschiedenen Mann hatte sie
> freundlichen Kontakt.

> Während ihrer Arbeit begegnete sie einer jüngeren Frau.
> Beide verliebten sich ineinander.

Praxis Dr. Enders

Falldarstellung in der Theatertherapie 3 – erste Teilgruppe
Herr J., 25 Jahre alt, Student

Erst während der Einzelsitzungen hatte der Pat. den Mut, Freunden und Kollegen gegenüber zu seiner Homosexualität zu stehen. Auch nahm er nach vielen Jahren des Schweigens wieder Kontakt auf zu seinen Eltern, die ihn jahrelang gekränkt und abgelehnt hatten wegen seiner Neigung und schrieb ihnen einen langen und deutlichen Brief (konstruktiv-aggressiv). Diese entschuldigten sich, sahen ihr Fehlverhalten ein, und alle sind inzwischen in einem lebendigen schriftlichen Austausch.

Herr J. nahm an einer Wochenend-Theater-Gruppe teil. Hier sollte eine Handlung aus dem Märchen „Rotkäppchen und der böse Wolf" frei improvisiert gespielt werden.

Die Gruppe wurde in drei Kleingruppen á vier Teilnehmern aufgeteilt werden. Ein Teilnehmer las den Text vor.

Dann trennte sich die Gruppe. Die Kleingruppen zogen sich zurück und verteilten untereinander die Rollen für:

Rotkäppchen , Mutter , Wolf, Jäger.

30 Minuten hatte jede Gruppe Zeit, ihr kleines Theaterstück zu inszenieren. Verkleidungen (Hosen, Jacken, Kleider, Hüte, Gewehre, Perücken lagen bereit).

Gruppe 1 mit Herrn J. begann mit ihrer Darstellung. Er spielte den Wolf.

Die Mutter ruft nach ihrer Tochter, gibt ihr einen Korb mit Essen und Trinken und bittet sie, der Großmutter diesen Korb zu bringen. Nicht sehr begeistert und etwas murrend nimmt sie den Korb und geht los. Gelangweilt läuft sie durch den Wald, telefoniert dabei mit ihrer Freundin. Plötzlich steht ein Wolf vor ihr. Charmant lächelnd fragt er sie, wohin sie gehen will und wo genau die Großmutter wohnt. Dabei rät er ihr, doch einige schöne Blumen zu pflücken, worüber die Großmutter sich sicher freuen würde.

Das tut sie dann auch und lässt sich Zeit dabei. Indessen läuft der Wolf schnell zu dem beschriebenen Haus.

Nach einer Weile klopft Rotkäppchen an die Tür und ist beim Betreten des Hauses sehr erstaunt über das veränderte Aussehen ihrer Großmutter. Sie fürchtet sich heute vor ihr und stellt viele Fragen. Die Antworten machen ihr noch mehr Angst und plötzlich wird sie verschlungen von dem unheimlichen Geschöpf.

Kurz darauf erscheint der Jäger, um die Großmutter zu besuchen. Er erkennt aber sogleich den Wolf, greift zu seinem Gewehr und will ihn erschießen.
Der aber ruft verzweifelt und schuldbewusst:

„Lieber Jäger, töte mich bitte nicht. Ich weiß, ich habe einen großen Fehler gemacht und die Großmutter und Rotkäppchen gefressen. Meine Eltern wollten immer, dass ich mich wie ein richtiger Wolf verhalte und Menschen fresse. Obwohl ich das selbst nie wollte. Ich war gehorsam und habe immer gegen mein eigenes Gefühl gehandelt.

Heute stehe ich dazu, dass es falsch war, sich der Norm anzupassen. Ich werde nie wieder etwas tun, was meiner inneren Überzeugung widerspricht.

Bitte, verschone mich! Rette die Großmutter und Rotkäppchen, indem du sie vorsichtig aus meinem Bauch schneidest. Nähe ihn danach wieder zu.

Lass mich frei. Ich will ab jetzt zu mir und meiner Persönlichkeit stehen und auch so handeln. Ich werde mich zeigen, wie und wer ich bin! „

Und so geschah es.

Dr. Enders:

> „Herr J. war so erleichtert über seine Entscheidung und zu sich zu stehen. Bei diesem Spiel und in seiner Rolle hat er Altes losgelassen.
>
> Auch im Gruppengespräch outete er sich später und bekam viel Anerkennung und Bestätigung dafür.
>
> Diese Theaterarbeit hat ihn vor allem im Handeln noch einen Schritt weitergebracht zu seiner Selbstliebe, Selbstfindung und -akzeptanz."

Falldarstellung in der Theatertherapie – zweite Teilgruppe

In einer zweiten Teilgruppe fiel auf, dass „Rotkäppchen" sehr aggressiv, aufmüpfig und abwehrend gespielt wurde. Die 23-jährige Frau K., Ausbildung zur Altenpflegerin, passt sich im Alltag in Kontakten nur an und ist vor allem von der alleinerziehenden Mutter sehr abhängig. Sie wirkte beim Erstkontakt ängstlich und extrem freundlich. Im Gruppengespräch hatte sie keine eigene Meinung und war nur bemüht, es den anderen recht zu machen.

In der Rolle von „Rotkäppchen" hatte sie jetzt den Mut aufzubegehren:

„Ich habe keinen Bock, der Großmutter Essen und Trinken zu bringen. Immer ich!

Mach das doch selbst. Sie ist doch deine Mutter,

Ich treffe mich jetzt mit meiner Freundin. Basta!"

Frau Z. verließ den Raum.

Jetzt musste die Mutter die Großmutter besuchen.

Nach diesem Ausbruch wurde der Patientin klar, dass sie erst einmal lernen musste, ihre eigenen Gefühle wahr- und ernst-zunehmen und dann zu formulieren.

Sie ging sehr gestärkt aus der Gruppenarbeit heraus, vor allem auch, weil sie im Nachgespräch mit allen Teilnehmern bestärkt und ermutigt wurde.

Falldarstellung in der Theatertherapie – dritte Teilgruppe
In der dritten Kleingruppe fiel Herr R. (56 Jahre alt) auf.

Er hatte auch die Rolle des Wolfes „übernommen. In seinem privaten Alltag litt er unter der Dominanz seiner Frau. Sie ähnelte seiner Mutter sehr. Er traute sich selten, seine Meinung zu vertreten, fügte sich demütig ihren Wünschen.

Jetzt als Wolf spielte er voller Begeisterung und sehr überzeugend den Bösen, Wilden, Starken und Dominanten. Das war sehr beeindruckend, wenn dieser ehemals Gramgebeugte in sich Zurückgezogene lautstark, sicher und voller Energie seine Meinung vertrat und Gefährlichkeit und Bedrohung ausstrahlte.

Er nahm sich vor, auch in seinem Alltag seine Wünsche selbstsicher und deutlich zu vertreten, aber natürlich nicht so bösartig wie der Wolf.

Falldarstellung in der Theatertherapie – vierte Teilgruppe
In einer anderen Kleingruppe probierte Frau A. (50 Jahre alt)
ein neues Verhalten aus.

Sie arbeitete als Geschäftsleitung in einer bekannten Firma. In
dieser Funktion musste sie sehr bestimmend und dominant
auftreten. Dadurch war sie zum Teil nicht sehr beliebt bei den
Angestellten. Auch mit ihrem Ehemann und ihren beiden Kindern
verhielt sie sich so.

Jetzt in der Rolle als der Mutter von Rotkäppchen erprobte sie das
Einfühlsame, das Sanfte, Leise, Liebevolle und sogar Bittende.

Das war fremd und schwierig für sie, aber sie erkannte, dass einige
dieser Verhaltensweisen ihr selbst guttun wurden, vor allem aber
auch den Kollegen und ihrer Familie.

Sie nahm sich vor, sich im Alltag weniger forsch zu verhalten, was
ihr anfangs noch sehr schwerfiel.

Praxis Dr. Enders

Theatertherapie Übungen

Dr. Enders:

„Einige ausgewählte Textbeispiele aus meiner Theater-Therapiearbeit beschreibe ich hier (gefunden in: Augusto Boal (2013[12]): Übungen und Spiele für Schauspieler und Nichtschauspieler. Suhrkamp, Berlin).

Nach jeder durchgeführten Übung haben wir uns die Zeit im Kreis genommen, damit jeder Teilnehmer über seine Gefühle, Gedanken und Reaktionen dazu berichten kann. Dieser Gruppenaustausch ist sehr wichtig.

Wichtig ist auch, dass ein Teilnehmer auch eine Übung für sich selbst ablehnen kann und sich zurückziehen darf."

Blindenreihe

> Die Teilnehmer stehen einander in zwei Reihen gegenüber. Die Teilnehmer in der einen Reihe schließen die Augen. Mit ihren Händen berühren sie die Hände und Gesichter der sehenden Person, die ihnen gegenübersteht. Nun verteilen sich die Sehenden im Raum und die Blinden versuchen, die Person, die vor ihnen stand, durch das Ertasten von Gesicht und Händen wiederzufinden.

---

[12] *Augusto Boal*

Der Duft der Hände

Eine Person steht mit geschlossenen Augen vor den anderen. Fünf Teilnehmer gehen nacheinander zu ihr, lassen sie an ihren Händen riechen. Dabei nennen sie ihren eigenen Namen. Wenn sie alle vorbeigegangen sind, kommen sie in einer neuen Reihenfolge wieder, und der Blinde versucht die Personen anhand des Dufts ihrer Hände zu erkennen. Wenn er jemanden erkannt hat, sagt er den Namen der Person.

Einen Rücken finden

Die Teilnehmer bewegen sich mit geschlossenen Augen durch den Raum. Hin und wieder kleben sie für eine Weile am Rücken einer anderen Person fest und bewegen sich dann weiter. Sie sind auf der Suche nach dem passenden Rücken für sich. Wenn sich zwei gefunden haben, geben sie sich gegenseitig eine Massage mit dem Rücken, immer noch mit geschlossenen Augen.

Der narzisstische Spiegel

Zwei Teilnehmer stehen sich gegenüber. Jeder Teilnehmer sieht sich im Spiegel und erkennt, wie schön er ist. Doch das Bild, das er sieht, ist sein gegenüberstehender Partner. Jede Person versucht, mit der größtmöglichen Genauigkeit all die Gesten der Freude zu zeigen, all das Glück, das er empfindet, wenn es ihm mit sich selbst gutgeht. Ich bin glücklich, ich mache eine Geste des Glücks, und ich sehe mich im Spiegel: Was ich sehe, ist mein eigenes Bild im

Körper einer anderen Person. Zur gleichen Zeit sieht sich die andere Person in mir: Sie sieht sich selbst glücklich und zufrieden. Ich bin es, mit meinen Gesten und Bewegungen, der ihm dieses Glück und diese Zufriedenheit zurückgibt.

Wir suchen uns selbst in den anderen, die sich in uns suchen.

Spiegel

Zwei Personen stehen sich gegenüber. A = Subjekt, B = Spiegelbild.

1. A unternimmt in Zeitlupe eine Veränderung des Körperausdruck und der Bewegungen in überzogener Form, und zeigt darin ihren inneren Zustand, ihre Gefühle.

2. Rollentausch.

3 Zu 2.) Austausch der gegenseitigen Wahrnehmungen und Wirkungen.

LORIOT

Loriot beschreibt In seinen Texten das Leben und Beziehungen, wie sie wirklich sind oder auch sehr überzogen: humorvoll» tiefgründig, provozierend, empathisch, in Wunden treffend.

Wichtig ist es in der Theaterarbeit, nicht alles zu ernst zu nehmen. Miteinander Lachen zu können.

Die Texte von Loriot schaffen das.

Teilnehmer erkennen sich selbst wieder in den verschiedenen Rollen:

spießig, schrullig, festgefahren in sich selbst und in Beziehungen, erwartungsvoll, unwirsch, stehengeblieben in kindlichen Erwartungen.

Mit einem weinenden und lachenden Auge.

In Loriots Erzählungen können die Patienten sich selbst spielen und darüber lachen, oder sie spielen eine gegensätzliche Figur und lernen daraus.

Verkürzte Textauszüge aus Loriot (1989): „Szenen einer Ehe"

EHEBERATUNG

anwesend:

Psychotherapeutin Frau Dr. K., Ehepaar Blöhmann:

Fr. Dr. K.:   „Ihr Wellensittich interessiert jetzt nicht!

Hr. Bl.:   „Ach was."

Fr. BT.:	„Er gibt mir jeden Morgen einen Kuss."
Fr. Dr. K.:	„Herr Blöhmann, küssen Sie Ihre Gattin gelegentlich?"
Hr. BT.:	„Weniger."
Fr. Dr. K.:	„Warum nicht?"
Hr. Bl.:	(sieht seine Frau an): Es ist zeitlich immer etwas ungünstig."
Fr. Dr. K.:	„Und Sie, Frau Blöhmann?
Fr. Bl.:	„Mein Gott, ich habe auch meinen Haushalt."
Fr. Dr. K.:	„Ah ja Herr Blöhmann, darf ich Sie bitten, Ihre Gattin zu küssen."
Hr. Bl .:	„Was ist los?"
Fr. Dr. K.;	„Der Kuss als Ausdruck menschlich ehelicher Beziehung ist zur Behebung einer chronischen Kontaktschwäche von großer Bedeutung, bitte, küssen Sie jetzt Ihre Gattin …
Hr. Bl.:	„Wohin?"
Fr. Dr. K.:	„Wohin Sie wollen."
Fr. Bl.	(öffnet die Tasche, betupft ihren Mund mit einem Taschentuch)

Hr. Bl.   (nach einem Blick auf seine Gattin)
                          „Nein, nein, nein"

Teilnehmer werden durch das Spielen dieser Rollen auf eigene
Themen in der Beziehung gestoßen. Lachen anfangs, werden dann
aber nachdenklich und reflektieren über ihre eigene Beziehung.

Beispiel 2: „Garderobe"

Diskussion darüber, Frage an ihn, welches Kleid ihm an ihr am
besten gefällt. Es geht lange hin und her.

Dann sie: „ ... ich kann mit dir über Atommüll reden, über Ölkrise,
Wahlkampf und Umweltverschmutzung, aber über ... nichts
Wichtiges."

Beispiel 3: „Das Ei"

Anfangs Diskussion über das Ei, wie lange es gekocht werden
muss, wann es hart ist, ob es genügt, nach Gefühl zu kochen, bis Sie
sagt: „Gott, was sind Männer primitiv!"

Er (düster vor sich hin): „Ich bringe sie um ..., morgen bringe ich sie
um ..."

Beispiel 4: „Feierabend"

Er sitzt gemütlich im Sessel, sie erledigt die Hausarbeit.

Hektisch fragt sie ihn, was er macht, nichts

Warum nichts, Fragt was er denkt.

Schlägt ihm vor spazieren zu gehen, will ihm sogar seinen Mantel holen.

Sie macht ihm verschiedene Vorschläge. Es geht hin und her. Schlägt ihm vor zu lesen. Redet immer weiter auf ihn ein.

Bis sie sagt: „Du tust eben nicht, was dir Spaß macht, stattdessen sitzt du da!"

Er: „Ich sitze hier, weil es mir Spaß macht."

Sie: „Sei doch nicht gleich so aggressiv!"

Er: „Ich bin doch nicht aggressiv!"

Sie: „Warum schreist du mich dann so an?"

Er (schreit): "Ich schreie dich nicht an!!!"

KAPITEL 11
PRAXIS DR. ENDERS –
ZUSAMMENFASSUNG UND ABSCHIED

Dr. Enders:

> „Liebe Monika, heute haben wir nun unsere letzte Sitzung.
> Können Sie mir sagen, was sich vor allem durch die
> Theaterarbeit bei Ihnen verändert hat?"

Monika:

> „Ich bin Ihnen so dankbar, dass Sie mir die Möglichkeit
> zum Theaterspielen gegeben haben. Es hat mir so gutgetan
> und sehr geholfen in meiner Weiterentwicklung. Heute
> fällt mir das Sprechen vor großen Gruppen leichter. Habe
> kaum noch Angst davor. Fühle mich insgesamt auch
> wohler mit anderen. Bin ruhiger und gelassener. Bin
> selbstsicherer. Habe mehr Selbstvertrauen. Sage eher
> meine Meinung. Nehme mich an mit all meinen
> verschiedenen Persönlichkeitsanteilen. Mein
> festgefahrenes Ich gerät in Bewegung. Kann vieles mit
> Humor nehmen. Mehr lachen. Meine Gefühle, positive und
> negative, nehme ich mehr wahr und an und kann
> kontrolliert damit umgehen. Insgesamt gelassener Umgang
> mit Konflikten, streit und Spannungen, wobei ich mich
> heute nicht mehr bedrückt zurückziehe (passiv-aggressiv),
> sondern konstruktiv-aggressiv meine Meinung und meine
> Wünsche sage.

Das Theaterspielen hat mir sehr viel Freude und Lebendigkeit bereitet. Ich habe mir inzwischen eine Laien-Theatergruppe gesucht und freue mich schon sehr darauf, dort weiter Theater zu spielen.

Liebe Frau Dr. Enders, Sie haben mir sehr geholfen und mich so achtsam während der letzten Monate begleitet. Jetzt bin ich bei mir angekommen! In einem Monat werde ich meine eigene Praxis-Tätigkeit wieder aufnehmen. Meine Patienten habe ich schon darüber informiert. Auf meine Tätigkeit als Psychotherapeutin und den Kontakt mit den Patienten freue ich mich sehr. In der vergangenen Zeit habe ich traumatische und lebendigende und stärkende Situationen erlebt, wodurch ich vor allem durch Ihre Unterstützung viel über mich selbst erfahren und gelernt habe, anders mit mir und anderen umzugehen."

Dr. Enders:

„Liebe Monika, die Arbeit mit Ihnen war sehr lebendig, sie waren engagiert und bereit, sich auseinanderzusetzen mit ihrer Lebensgeschichte. Es ist schön für mich, Sie heute so stark und lebensfroh zu sein.

Von Herzen wünsche ich Ihnen alles Gute auf Ihrem weiteren beruflichen und privaten Lebensweg."

Beide umarmen und verabschieden sich.

NACHWORT

Monika F. hatte in ihrer Kurzzeittherapie bei Frau Dr. Enders wichtige Themen wie „Inneres Kind", „Glaubenssätze", „Resilienz", „Giftsätze"; „Aggressionssätze", "Bindungsmuster" und „Grundbedürfnisse" bearbeitet und konnte sich dadurch ihr Fehlverhalten (die Verletzung der Abstinenz) erklären und dadurch ein besseres Selbstwert-gefühl und einen guten Zugang zu sich selbst finden. Nach ihrer Rückkehr aus Barcelona beginnt sie mit einer Langzeitpsychotherapie.

Im Dialog und Austausch mit ihrer Mutter und der Nachbearbeitung der transgenerationalen Weitergabe der kriegstraumatischen Erfahrungen der Eltern bekommt sie die notwendige Erklärung vor allem hinsichtlich ihrer Bindungs- und Beziehungsmuster und ihrer Unsicherheits- und Angstproblematik. Sie erfährt in welchen Situationen sie sich ähnlich verhält und fühlt wie ihre Mutter.

Behutsam entwickelt sie einen sicheren und freundlichen Umgang mit sich selbst.

Dieses Buch sollte nicht nur Psychotherapeuten ermutigen, zusammen mit ihren Patienten sich mit den Folgen der Kriegserlebnissen für sich selbst und auch den nachfolgenden Generationen zu beschäftigen.

Jeder Leser, egal welchen Alters, könnte in sich hineinschauen und sich fragen, ob seine Gefühle und Verhaltensweisen wirklich nur aus sich selbst heraus entstanden sind oder vielleicht eher weitergegeben wurden von Eltern, Großeltern oder Urgroßeltern.

Dazu gehört dann aber die Kommunikation über verschiedene Generationen, das Interesse, die Neugier füreinander. Das Schweigen der Kriegsgeneration sollte nicht weitergelebt werden. Erinnerungen, Wut, Trauer, Angst sollte zugelassen werden.

Helene und auch ihre Tochter Monika haben beide miteinander erkannt, dass sie sich für Eltern, Partner, Kinder und teilweise für bedürftige Freunde aufgeopfert haben, um mangelnde Zuneigung und Bestätigung in der eigenen Kindheit doch noch zu erhalten.

Die anderen werden damit zum Lebenssinn erklärt (oder auch zum Machtmittel).

GLOSSAR

(teilweise übernommen aus: Hannig (2020)

Abstinenz
bedeutet, die in der Übertragung auftauchenden Wünsche und Bedürfnisse nicht direkt zu beantworten bzw. zu befriedigen, sondern durch ihre Frustration gerade die Spannung und Energie, gegebenenfalls auch Aggressivität zu ermöglichen, die eigentlich in die ursprünglich traumatische Situation gehört hätte. Der Therapeut/die Therapeutin, soll unter professioneller Kontrolle und Distanz stets im wohlverstandenen Interesse des Patienten, nie aber zur Befriedigung eigener narzisstischer, aggressiver oder sexueller Bedürfnisse handeln.
aus Mathias Hirsch, (2012)

Aggressionsformen
- Destruktive Aggressionen leben Menschen, die steckengeblieben sind in der frühen Kindheit. Sie schreien toben, schlagen, bedrohen, beleidigen. Basis ist hier ein mangelndes Selbstwertgefühl.

- Passive Aggressionen:
  Rückzug, schweigen, leiden,
  nörgeln, weinen, grenzen sich ab.
  Dadurch wird aber auch Macht
  ausgeübt.

- Konstruktive Aggressionen
  zeigen eine reife
  Emotionsregulation. Stehen zu den
  eigenen Gefühle ohne andere zu
  verletzen. (z.B.: Mir tut es weh,
  wenn Du mit mir so umgehst. Wie
  geht es Dir damit? Oder mich
  verwirrt Dein Verhalten. Was ist
  Dein Anlass dazu?)

Bindungsmuster

- Sichere Bindung:
  Eltern sind für das Kind da. Geben
  Halt und Sicherheit und lieben das
  Kind, wie es ist.

- Unsicher-ambivalente Bindung:
  Eltern schwanken zwischen
  Fürsorge und Ablehnung wegen
  eigener Überlastung oder
  Erkrankung.

- Destruktive-chaotische Bindung:
  Eltern sind psychisch krank,

nehmen ihr Kind nicht wahr. Sind nur mit sich selbst beschäftigt, Teilweise Verwahrlosung und Misshandlung.

Hochsensibilität   -   Etwa 15-20 Prozent aller Menschen sind hochsensibel Hochsensibilität wird als eine Veranlagung des Temperaments gesehen. Sie ist angeboren. Sie ist keine Krankheit

Eigenschaften   -   Sie spüren oft Stimmungen und Spannungen anderer Menschen, ohne-dass es ausgesprochen wird.

- Sie haben ein ausgeprägtes Bedürfnis nach Harmonie.

- Sie sind leicht verletzbar aufgrund ihrer hohen Wahrnehmungsfähigkeit und sind schnell überreizt.

- Sie haben eine starke Intuition. Ahnen oft Ereignisse voraus.

- Sie leiden als Kinder unter Konzentrationsschwäche.

- Sie müssen sich wegen Überstimulation häufiger zurückziehen und sind sehr schnell erschöpft.

- 70 Prozent sind introvertiert, eher schüchtern und gehemmt.

- Sie neigen zu Perfektionismus und Gründlichkeit.

- Sie haben feine Fühler, mit denen sie kleinste Details und größere Zusammenhänge erkennen.

- Sie sind interessiert an Kunst, Literatur»

- Psychologie, Philosophie, Natur.

- Sie finden sich häufig in sozialen und kreativen Tätigkeitsfeldern.

- Die meisten Hochsensiblen verfügen über eine gute Resilienz, d. h. im Alltag haben sie eine niedrige Reizschwelle, aber bei schweren Lebenskrisen können sie äußerst widerstandsfähig sein.

Inneres Kind

- Die Prägungen der ersten sechs Lebensjahre sind für unsere Persönlichkeit besonders wichtig. Sie sind uns allerdings nicht immer bewusst Aber sie bestimmen wesentlich, wie wir denken, was wir fühlen und wie wir handeln. Daraus entstehen unsere Glaubenssätze, unsere Gefühle, unsere Bindungsmuster. Es gibt Persönlichkeitsanteile des „Schattenkindes" (Angst, Trauer, Hilflosigkeit, mangelndes Selbstwertgefühl, Unsicherheit usw.) und des „Sonnenkindes", (Neugier, Spontanität, Lebensfreude, Stärke, Sicherheit, Kreativität, Mut usw.).

aus Stahl, Stefanie (2015)

Selbst als Erwachsene reagieren und fühlen wir oft nur nach unseren Kindheitsprägungen.

- Therapie: Bei der Arbeit mit dem Inneren Kind werden falsche Überzeugungen erkannt, mit denen wir uns selbst und unsere Beziehungen belasten, um sie dann loszulassen und selbstverantwortlich als Erwachsener zu fühlen, zu denken und zu handeln.

Kriegstrauma-Folgen

1. Symptombezogen
Ängste, Panik-Attacken, Phobien
Depressivität
Körperliche Beschwerden und
Erkrankungen
Eingeschränkte psychosoziale
Funktionsfähigkeit
2. Einstellungs- und
verhaltensorientiert
Skeptische und misstrauische
Einstellungen gegenüber anderen
Ich-Syntone Verhaltensweisen: geringe
Rücksichtnahme auf sich selbst und
den eigenen Körper
sparsam
altruistisch
freundlich angepasst
funktionierend
planend / organisierend
sich absichernd
3. Störungsbezogen
Partielle oder vollständige Post-
traumatische Belastungsstörung
Anpassungsstörungen Depressive
Störungen
Somatoforme Störungen

Persönlichkeitsstörungen

Es kann vorkommen, dass die Trauma-Erfahrungen zunächst ohne Folgen scheinen, aber mit einem Abstand von dreißig Jahren und mehr bekommt das Trauma plötzlich in der zweiten Hälfte des Erwachsenenlebens wieder eine psychodynamisch bedeutende Aktualität.

Im Alter verstärkt sich das weiter durch körperlichen Alterungsprozess, Pflegebedürftigkeit, Alters- oder Pflegheim, wegen drohender Abhängigkeit und ohnmächtiger Hilflosigkeit. Das alles wird als sehr beängstigend erlebt.

Diese emotionale Erlebensqualität von Ausgeliefertsein kommt dem Kindheitserleben in der Kriegszeit sehr nahe und es könnte zu einer Reaktivierung des Traumas führen.

aus: Radebold 2006
Jeventa, Weinheim „Kindheiten im Zweiten Weltkrieg"

**Ich-syntone
spätere
Verhaltens-
weisen von
Kriegskindern**

- Aufheben von allem
- Suche nach Wärme und Geborgenheit
- Sparen
- Sicherheitsstreben
- Kämpfen um den Erhalt der Autonomie
- Kämpfen um den Erhalt des Eigentums
- Fehlende Rücksichtnahme sich selbst gegenüber
- Sofort zum Aufbruch bereit sein
- Angst, Menschen zu verlieren
- Schwierigkeiten zu trauern
- vorsichtige, skeptische bis misstrauische Einstellung gegenüber der Umwelt

Aus: Radebold (2005): Die dunklen Schatten unserer Vergangenheit. Klett-Cotta, Stuttgart

Narzisstische

Persönlichkeitsstörung Narzissmus ist eine Störung der
Beziehungsfähigkeit durch
Übermäßige Selbstbezogenheit:

- In kränkenden Situationen entstehen
  Schwierigkeiten der Selbstregulation
  mit intensiven Aggressionen,
  antisozialem Verhalten, mit Wut,
  Hass, Sadismus und Gewalt.
- Sie haben einen Mangel an
  Einfühlungsvermögen.
- Auffällig ist ein grandioses Gefühl
  eigener Wichtigkeit, Egozentrik und
  Wunsch nach Bewunderung.
- Beziehungen beruhen aufgrund der
  Kindheitserfahrungen immer auf
  Ausbeutung und Verführung.
- Ihr häufig auch instabiles
  Selbstwertgefühl macht sie
  unberechenbar.

Mögliche Probleme in der Behandlung:
- Der Beziehungsaufbau misslingt.
- Patient fühlt sich unverstanden und
  abgelehnt.
- Er verhält sich autodestruktiv.
- Er verhält sich aggressiv.
- Er hält die Rahmenbedingungen der
  Therapie nicht ein.

- Er bricht die Therapie ab.
- Der Therapeut fühlt sich hilflos, mangelhaft und manchmal bedroht.

Die Pantomime

Element des Theaters.
Das künstlerische Mittel der Pantomime ist in erster Linie der menschliche Körper.
aus: Anke Gerber / Clement Wrollewsky, (1985) Anatomie der Pantomime. Rasch und Röhring Verlag, Hamburg – Zürich

Es gibt drei Bereiche der pantomimischen Bewegungen:
- Die Kunst der Haltung. Durch äußere körperliche Haltung und Bewegung wird der Charakter, die Einstellung, die Emotion, also die innere Haltung einer Figur sichtbar gemacht.
- Die Zeichen- und Gebärdensprache des Alltags in überhöhter Form.
- Die Illusionstechnik (die Auseinandersetzung des Menschen mit seiner Umwelt wird mit rein körperlichen Mitteln dargestellt.

Der Pantomime ist ein stummer Solist.
Er stellt mit mimischen, gestischen und
tänzerischen Mitteln eine Figur dar.
Die Bewegungen des Pantomimen und
des Schauspielers bauen auf die
gleichen Prinzipien auf:
Jede Bewegung hat eine konkrete
Bedeutung, ordnet sich einer
Handlung unter, trägt zu ihrem
Fortgang bei, unterliegt einer
dramaturgischen Notwendigkeit.
Der Schauspieler geht sparsamer mit
der Bewegung um, da er ja noch die
Sprache hat.
Bei der Pantomime geht es allein um
die Kunst differenzierter
schauspielerischer Darstellung mit
körperlichen Mitteln.

Theatertherapie

Therapeutisches Theater ist eine sehr
vielschichtig wirksame Methode,
Menschen zu unterstützen, zu sich
selbst, zu ihrem Selbst zu finden, sowie
den oft schweren Schritt zu tun, sich
wertschätzend und liebevoll
anzunehmen. Die Bühne als ein
geschützter Raum, der die Erlaubnis
und Freiheit gibt, Grenzen zu
überschreiten oder Grenzen zu finden,

ohne sich oder den Boden der Realität zu verlieren."

„Bei Patienten, deren Leiden aus frühen, vorsprachlichen Störungen resultiert, sowie bei Patienten mit psychosomatischen Erkrankungen sind das Körpererleben und die Beziehung zu den eigenen Gefühlen und Affekten gestört. Das heißt, dass der Erkrankte an Hand der Sprache nur unzureichend vermitteln kann, wie er sich fühlt, und ein verbaler psychotherapeutischer Zugang somit unzureichend ist.

In der Theatertherapie ist die Öffnung zum Unbewussten oftmals viel leichter und unmittelbar möglich als in der verbalen Therapie.
Humor ist dabei ein wichtiger Faktor. Und auch nicht nur Bestätigung, sondern auch Kritik und Auseinandersetzungen gehören dazu.
aus Neumann u.a. (2008)
aus: Uhl, Anklam, Echterhoff, Klare (2016)

Wirkfaktoren der psychotherapeutischen Gruppe

- Hoffnung bei dem Erleben anderer Patienten, denen diese Arbeit schon geholfen hat.

- Zu sehen, dass es auch anderen elendig geht, die ähnlichen Sorgen und Lebenserfahrungen haben. „Ich bin nicht allein."

- Zu spüren, anderen helfen zu können. Sich selbst schätzen lernen. Von dem ewigen Denken an sich selbst fortzukommen.

- Familiäre Konflikte können noch einmal durchgearbeitet werden, indem sie szenisch dargestellt werden

- Vorbilder finden in der Gruppe.

- Zusammengehörigkeitsgefühl, akzeptiert zu werden, etwas zu teilen.

- Gemeinsames Lernen.

- Gemeinsames Lachen.

- Therapeut erfährt bei seiner Beobachtung sehr viel über Persönlichkeit und Beziehungsverhalten des Einzelnen.

Schwierigkeiten in der Theater-Therapie

- Ein wichtiges Thema könnte in einer Gruppe „Narzissmus" sein. Es gibt übliche narzisstische Probleme mit Rivalität und Eifersucht, aber auch eine kranke Form mit ständiger Unzufriedenheit, gehäuften Forderungen nach Anerkennung, Aufmerksamkeit, Bewunderung und Bestätigung von außen und leider aggressiven und bösartigen Verhaltensweisen.

- „Warum soll ich diese blöde Rolle spielen. Was hat die mit mir zu tun?"

- „Ich will nicht weitermachen. Ich höre auf. Ich habe keine Lust mehr!"

- „Ich will nicht vor Publikum spielen"

- Bei der Vorführung Anspannung und Angst. Gibt es genug Applaus und Bewunderung? Gefällt es den Zuschauern?

- Selbstzweifel, Versagensängste.

Tiefenpsychologisch fundierte Psychotherapie

Die menschliche Entwicklung wird festgelegt von den lebensgeschichtlich frühen Erfahrungen und Konfliktlösungen. Dabei können psychisch traumatische Erfahrungen zu Entwicklungsdefiziten führen. Frühere unverarbeitete Lebensereignisse können zu Beeinträchtigungen in der Persönlichkeits- und Selbstwertentwicklung führen. Das führt durch unbewusste Konflikte zu psychischen Störungen und psychosomatischen Erkrankungen. Die tiefenpsychologisch fundierte Psychotherapie ist ein auf der Psychoanalyse beruhendes Verfahren, mit einer Beschränkung auf eine konfliktzentrierte Vorgehensweise mit

Teilzielen. Die Behandlung begrenzt
sich auf 50 - 100 Sitzungen:
- Die Wirksamkeit des
  Unbewussten wird untersucht.

- Die Herstellung einer
  intensiven therapeutischen
  Beziehung ist die wichtigste
  Basis.

- Bedeutend ist das
  Herausfinden und Erklären der
  Verbindung von biografisch
  früheren Erfahrungen mit
  aktuellen
  Konfliktkonstellationen.

- Es folgt die Auflösung des
  pathogenen Einflusses früher
  Konflikte auf die aktuelle
  Lebenssituation.

Die therapeutische Grundhaltung:
- wohlwollende Neutralität und
  Abstinenz, gleichbleibend
  unterstützend. Eigene
  Bedürfnisse und Wünsche des
  Therapeuten müssen reflektiert
  werden und dürfen nicht agiert
  werden.

- Eine Nachreifung der Gesamtpersönlichkeit wird erarbeitet, indem das Verhältnis bewusster und unbewusster Persönlichkeitsanteile angesehen wird. Aktuelle neurotische Konflikte stehen dabei im Vordergrund.

Transgenerationale Weitergabe

Die Folgen der Kriegstrauma-tisierungen, die die Eltern (die „Kriegskinder") nicht verarbeiten konnten, können von der nächsten Generation (den „Kriegsenkeln") übernommen werden.
Eltern geben unbewusst Aufträge an ihre Kinder weiter- Es ist wichtig, dass diese die Aufträge erkennen und sich dann entscheiden, sie bewusst anzunehmen» aber auch zurückweisen. Dieses Erkennen kann eine wichtige therapeutische Aufgabe sein. Diese Übertragung von Traumata und die Übermittlung von Emotionen erfolgt nicht nur über verbale Kommunikation, sondern ebenso über Körperhaltung, Blick, Stimme, Mimik, Berührungen.

Trauma

Es gibt Ereignisse die traumatisch wirken können:

- Eine Situation, die lebensbedrohlich ist oder lebensbedrohlich bewertet wird im Hier und Jetzt.

- Sich in einer Situation ausgeliefert und total hilflos fühlen.

- Wenn angstbedingte Körperreaktionen unerklärlich und bedrohlich erscheinen.

- Befürchtung, die Situation nicht bewältigen zu können.

- Wenn keine Hilfe von außen möglich ist.

- Wenn keine innere Verarbeitung und Bewältigung geschieht. Das Ereignis also dauerhaft akut bleibt.

aus: Wüstel (2017)

Literatur

Baer, Udo und Frick-Baer, Gabriele	2015	Kriegserbe in der Seele	Beltz-Verlag, Weinheim
Bode, Sabine	2016	Kriegsspuren	Klett-Cotta
Bode, Sabine	2004	Die vergessene Generation	Klett-Cotta, Stuttgart
Boal, Augusto	2013	Übungen und Spiele für Schauspieler und Nichtschauspieler	Suhrkamp Verlag Berlin
Dami Chart	2018	Auch alte Wunden können heilen	Kösel Verlag, München
Dautel, Ingrid	2019	Ich hole mir mein Leben zurück.	Klett-Cotta, Stuttgart
Drexler, Katharina	2017	Ererbte Wunden heilen	Klett-Cotta, Stuttgart
Ehrenreich, Barbara	2018	Wollen wir ewig leben?	Verlag Antje Kunstmann, München
Ennulat, Gertrud	2008	Kriegskinder	Klett-Cotta, Stuttgart
Gebhardt, Miriam	2015	Als die Soldaten kamen	Deutsche Verlagsanstalt, München
Gerber, Anke u. Clement de Wroblewsky	1985	Anatomie der Pantomime	Rasch & Röhring Verlag, Hamburg – Zürich
Hannig, Ulrike	2020	Übertragungsliebe und Abstinenz	Asanger Verlag, Kröning
Hüther, Gerald u. Quarch, Christoph	2016	Rettet das Spiel	Hanse Verlag, München
Lohre, Matthias	2018	Das Erbe der Kriegsenkel.	Penguin Verlag, München
Loriot	1989	Szenen einer Ehe	Diogenes Verlag, Zürich
Maaz, Hans-Joachim	2012	Die narzisstische Gesellschaft	Beck, München
Neumann/ Müller-Weith /Stoltenhoff-Erdmann	2008	Spielend Leben Lernen	Schibri-Verlag, Berlin
Radebold, Hartmut	2005 /2009	Die dunklen Schatten unserer Vergangenheit	Klett-Cotta, Stuttgart
Reddemann, Luise	2004	Psychodynamische imaginative Traumatherapie	Pfeiffer bei Klett-Cotta, Stuttgart
Ruppert, Franz	2018	Wer bin ich in einer traumatisierten Gesellschaft	Klett-Cotta, Stuttgart
Schneider, Michael u. Süss, Joachim	2015	Nebelkinder	Europa-Verlag, Berlin
Stahl, Stefanie	2015	Das Kind in dir muss Heimat finden	Kailash-Verlag München
Tallis, Frank	2019	Der unheimliche Romantiker	Btb Verlag, München
Triebenecker, Gerd Franz	2018	Theater spielen	Klett-Cotta, Stuttgart
Uhl, Anklam, Echterhoff, Klare	2016	Theater in der Psychiatrie	Schattauer, Stuttgart
Sutorf ,Anne Ev. ,	2016	Wir Kinder der Kriegskinder.	Verlag Herder, Freiburg
Wollny, Mark	2017	Dieser Schmerz ist nicht meiner	Kösel-Verlag, München
Wüstel, Jens-Michael	2017	Trauma-Kinder	Bastei-Lübbe AG, Köln

132

Zeitschrift für Psychotraumatologie	2010	Heft 1 ZPPM, J. 8	
Zeitschrift für Psychotraumatologie	2019	Jg. 17, Heft 1	Asanger Verlag, Kröning